Wozai
Zongtongfu
Banzhanlan

刘 刚 ◎ 著

我在总统府办展览

江苏人民出版社

图书在版编目（CIP）数据

我在总统府办展览 / 刘　刚著. —南京：江苏人民出版社，
2012.7

ISBN 978-7-214-08362-3

Ⅰ.① 我… Ⅱ.② 刘… Ⅲ.① 国民政府—纪念地—陈列
—工作—研究—南京市 Ⅳ.① D878.23

中国版本图书馆CIP数据核字（2012）第122741号

书　　　名	我在总统府办展览
著　　　者	刘　刚
责 任 编 辑	许尔兵
出 版 发 行	凤凰出版传媒集团
	凤凰出版传媒股份有限公司
	江苏人民出版社
集 团 地 址	南京市湖南路1号A楼　邮编：210009
集 团 网 址	http：//www.ppm.cn
出版社地址	南京市湖南路1号A楼　邮编：210009
出版社网址	http：//www.book-wind.com
	http：//jsrmcbs.tmall.com
印　　　刷	南京文博印刷厂
开　　　本	787×1092 毫米　1/16
印　　　张	13
字　　　数	180千字
版　　　次	2012年7月第1版　2012年7月第1次印刷
标 准 书 号	ISBN 978-7-214-08362-3
定　　　价	48.00元

（江苏人民出版社图书凡印装错误可向承印厂调换）

目　录

复原蒋介石总统办公室

一　不经意间我成了"斯人"

由我负责复原蒋介石总统办公室（以下简称"蒋办"）有点偶然。1998年，总统府里开始分组筹办"总统府文物史料陈列"、"洪秀全与天朝宫殿历史文物陈列"、"清两江总督署史料展"等三个展览。"两江展"由我负责，说是"展览组"，其实每组也不过两三个人，要负责做好题纲、征集、校对、招标、合同和结算等等"一条龙"的工作。"两江组"只有我和苏正茂两人。当时我不会电脑打字，而苏是打字快手；好在我是历史系毕业，苏学过绘画，领导说这是最佳组合。

"两江展"在三个展览中立项最晚、基础也差，但是经过众人的努力，却"后发先至"、率先完成。因为布展工作得到大家肯定，也是一时没有其他人手，紧接着组织上便又将复原"蒋办"的任务交给了我。当时是2000年。

复原"蒋办"是历史性的，就这样"不经意"地"降"在了我的肩上，我心中充满了"斯人"的感觉。从表面上看，复原"蒋办"应该比较轻松，展陈面积不大，也没有什么土方、基层、水电工程要做。可是接手后才知，其中需要把握的政治敏感性和对细节的考证，都不是容易的事。

总统府从1982年开始向游人开放西花园，沿西朝房以红线栏杆将游客与中轴部分隔开；1999年增加了周未、节假日开放中轴线部分；各办公室门窗紧闭，游客不能入室。而周一至周五仍是省级机关办公重地；2000年开放范围扩大到子超楼，可以说是"深入腹地"了。游人可以入一楼走廊穿楼而过，但不允许上二楼，位于二楼的"蒋办"仍然深藏不露。

子超楼一楼走廊开放时，我们这些工作人员都要参加值班，负责安全和秩序。我经常值班的岗位是子超楼楼梯口。最让人头疼的是，常有"公务"来访的人可以"特权"上二楼参观"蒋办"，一般的游客却不被允许。当一般的游客看见"别人"上了二楼，便也要跟上，遭到阻拦后便会发生争吵。有一次一位大爷领着五六个家人，在遭到阻拦后，一怒之下大骂我们是"心理阴暗"，气冲冲地要求退票。又

复原后的蒋介石总统办公室

有一次，来了两个年龄和我相仿的台湾同胞，交谈得很好，可是当他们提出要上二楼看看总统办公室时，搞得我好生为难。只得解释：就算是老百姓搬家，也要有个打扫、装修的过程，何况开放这么多的办公室呢，下一次吧！

当时"蒋办"是省政协主要领导的办公室，不要说游客了，就连我们这些在大院工作的年轻人，也是难得一进的。记忆最深的是20世纪90年代，一位曾经在中央担任主要职务的领导人来总统府，因是非公务性的，当他走到"蒋办"门口时，办公室内的这位政协领导便虚掩着门，既没招呼，也没拒绝。那位领导人便慢慢地从门前走过去了。

对于这样一个充满神秘色彩，却又失去历史本来面目的办公室，我该从何处入手呢？根据以往布展的经验，对遗址建筑测量的过程就是"抚摸"的过程、"进入"的过程；更是思路开扩的过程、方案形成的过程。于是拿起笔、纸、卷尺，到"蒋办"去！

二　我是第三个掌握"蒋办"建筑数据的人

"蒋办"位于子超楼二层的东南角，一套三间，中间一间日常办公，西边一间是会谈室，东边一间是休息室。中间办公室南北长8米，东西宽3.50米，除有从走廊进入办公室的北门外，另有三门。东墙一门与东边的休息室连通；西墙两门，一门入西边的会客室，一门出阳台；南墙上有一扇大窗，窗下一组生铁水暖管；西墙上有壁厨，其余墙面饰木质墙裙，墙裙高2.14米，墙裙往上0.76米为交圈的挂镜线，挂镜线再往上0.90米为白色天花顶，四周又有典型民国风格的装饰线条。由实木地板到天花板总高3.80米。天花上有两座法式玻璃吊灯，两灯之间是吊扇，三者南北一字排开。

西边的会谈室，除有门和中间的办公室相连外，也有从走廊而入的北门。因南墙向内退2.50米，让出室外一条阳台，此间南北长5.5

米，宽4.2米。南墙有一大一小两扇窗，大窗下有水暖管。西墙为壁厨，北墙是博古架，因是背着北门的方向，从北门外是看不到此架的。顶上两灯，一架吊扇。

东边休息室与中间办公室总面积相同，但却隔成南北两个部分。南边的稍大，南北长5米，东西宽3.90米。南墙一窗，东墙一窗。有墙裙、木线条，无壁厨；顶上两灯，无吊扇。北边的稍小，南北长2.67米，东墙一窗，因西墙为壁厨，东西宽为3.67米；内设抽水马桶、洗手盆、浴盆、墙镜。顶上一灯。

我相信，除了设计师、建筑师外，我是第三个掌握"蒋办"建筑数据的人。

三 室雅何须大 考证实在多

"蒋办"一套三间，加在一起面积才79平米，但是考证起来却是难题多多。

首先，查阅相关档案和文史资料。南京市城建历史档案记载，子超楼是在国民政府主席林森主持下，于1934年开始建造，1935年完工的。林森酷爱收藏字画古玩，在民国顶级办公室里出现一墙博古架也就不奇怪了。蒋介石1928年10月至1931年12月、1946年5月至1948年4月18日在这里两任国民政府主席，1948年4月19日至1949年1月21日在这里任总统，蒋在总统府主政将近6年，而在子超楼总统办公室的时间就更短了，只有2年9个月。

根据《江苏文史资料选辑》第九集，朱明镜《我所知道的蒋介石总统府》描述："蒋办""内有大写字台一张，上置文房四宝，有檀木方桌一张，上置花瓶，黄丝绒沙发一套，蒋介石坐的是皮转椅。办公室东一间是休息室，内有浴盆与抽水马桶。办公室西一间是接待室，有黄丝绒沙发两套。"虽然信息不多，难以满足复原的需要，但这已是我们今天能看到的最具体的描述了，如获至宝！朱文是可信的，建国初期，他曾任南京市人民政府文管会接管总统府时的秘书；还曾因为新婚之夜在蒋介石办公室住了一夜，受到过处分。朱老今年80多岁，一直是我馆的顾问，每逢春节、中秋等节假日，我们都会上门看望、慰问。

其次，寻访当年占领总统府的解放军。1999年4月，我们曾组织过一次"重访总统府"活动，详情见《总统府展览研究》期刊2009年第二期，张振义的《我接待了重访总统府的解放军》。部分老同志仍然健在，珍贵的回忆十分精彩，为我们复原工作提供了大量的资料。但是具体到"蒋办"的陈设时，也有似是而非不能确定，甚至自相矛盾的地方。曾有一位老同志，一进子超楼就肯定地说：这里当时有一张蒋介石的挂像！我用笔记下。可是第二天他再来时却说：这里没有蒋介石挂画。我在记录上打上问号。

第三，复制总统办公桌椅和有关物件。虽然有记载"大写字台一张"，但是大到什么程度无法知道。无法知道的还有，这张桌子是几抽几斗，抽屉上的把手是圆是方，把手是木制的还是金属的？"黄丝绒沙发一套"，此黄是深黄还是浅黄，是平绒还是斜绒？桌子下面有无挡板，是否要遮住办公人的腿脚等等，此类问题我们只能根据房间

作者在台湾阳明山蒋介石办公桌上作秀。办公室也是斜放在角落

的格局、同一历史时期桌椅样式来合理制作了。最初复原的"蒋办"桌椅，是在江浦一家木器厂订制的，因为连同子超楼其他办公室的复原，订购量不算小数，我曾过江去厂里考察，厂房范围面积不小，管理得也不错，但是做现代家具的。也是因为经费有限，我们选择了白木质地。自2003年总统府全面开放以来，无数的游客参观了"蒋办"，更有许多台湾来宾到此一游，没有一个人对蒋办桌椅提出质疑。我曾于2006年6月、2011年3月两次去台湾，每次都特意到阳明山"蒋办"去考察，仔细观看那里陈设的蒋的办公桌。

2010年11月，我们更新了"蒋办"桌椅，这次不但参考了更多的资料、吸收了新的研究成果，而且订做的是红木质地。桌椅从常熟运来，等到下班闭馆以后，游客散去，我和工人们一起，再次亲手将桌椅摆放到位。此桌长1.80米、宽1.08米高0.80米，中间一大抽屉，两边各四只抽屉。

"蒋办"桌上的日历，先是请太平天国历史博物馆的老夏，为我们手工复制了"4月23日"这一张，底下的都是空白纸。2010年我们复制了1949年完整的台历，现陈列在"蒋办"桌上。老夏还复制了桌上吸墨水的压刷、曾文正公全集书套、台历底架、铜质毛笔排架等。

四 复原是尊重历史 更是放眼未来

曾经得到一张"蒋办"的老照片，照片中不但有"文房四宝"等，还能看出桌子和阳台门的相互位置。我们以为找到了复原陈列的依据，非常高兴。后来一研究，发现这是一张做旧的电影剧照。渐渐地认识到：在总统府里做复原展览，是很难找到明确的资料的；也没有这方面的专家来帮你，只有牢牢树立自力更生的思想！

"蒋办"的桌椅制作好了，但是放在房间里那个位置呢？有说法是：蒋是坐东南朝西北，一是"风水"吉利，二是避开窗户安全，三

何球先生（左二）在察看"蒋办"风水

是方便，可以不转身就可看见报告进来的人。笔者认为，同时也是因为此间房间门窗太多，办公桌难以正常摆放。台湾阳明山"蒋办"里的办公桌也是这样放置在角落里的。

近日因一个特别的因缘，我邀请祖家三代风水大师、李嘉诚风水顾问何球先生，携手同游总统府。何先生身着中式对襟黄衣、手持罗盘，将大门、大堂、八字厅、子超楼等建筑仔细测过，称奇有加，说这里是"局中有局"。特别是"蒋办"桌椅的摆放，何先生说这是一个"天门局"，南而不是正南，直手可招天兵天将！此话虽带有浓郁的迷信色彩，但亦可见"蒋办"布置得独特、精到。

《江苏文史资料》36集，王正元《我为蒋介石接电话12年见闻》中提到，蒋的电话通常设长途专线、要人专线，尽管蒋不使用拨号机，也不可能摇柄，而是提起话筒由接线员接通，我们还是在蒋办公桌上放置了两只老式电话：一只摇柄式，一只拨号式。老式电话机是托关系从上海部队库存中买来的，200元一只，买了50只。

当时机关各办公室配有台灯，绿色玻璃罩，铜底座，符合"蒋办"复原陈列要求。我便把我桌上的台灯放到"蒋办"桌上了，台灯编号是"省政协6-26"。

1948年蒋介石竞选总统时，宋美龄、郭德洁等人为提升助选形象和风度，曾在太平南路杨公井商场选购了许多首饰。后来，总统府总务局长陈希曾也常让会计"大徐"、"小徐"在太平路为夫人购买"补品"和日用品。因为超支太多，蒋便手谕"购买物品如价在百元以上者，须经中正事先核准，不得随意开支"。陈接字后即上辞呈，表示干不了，蒋只好收回成命。

我便去太平南路商场订购了蒋办公桌（连同李宗仁办公桌）上用的玻璃台面、绿丝绒台布、窗帘等，也算是"传承有绪"了！

"蒋办"的几组沙发虽然罩上了"黄丝绒"，看上去很是那么回事。但是说实话，民国沙发的式样不是这样的。后来，我们在南京军区军史馆看到了一套据说是蒋用过的沙发，可以作为以后复制的参考。

史料记载，蒋有一次召见军务局高参、四科科长沈重宇，开口就提10年前见过沈，还问起沈家乡四川内江一带的情况，连沈父母的年龄也说得差不多，让沈激动得"面红耳赤"。其实，蒋身边的人都知道，蒋接见部下时，事先把该人的情况写在纸片上，不知情的人以为蒋"记事如神"。从这条描述中可以推理出，蒋不是在会客室接见沈

复原后的"蒋办"会客室

的。因为会客室"有黄丝绒沙发两套",如果蒋与沈面对面坐在沙发上,手上拿张纸片与对方交谈,就会让沈发现。接见沈应是在中间办公室,蒋坐在办公桌后,在桌上写写画画。办公桌对面是门,沙发不可能放在这个位置,因此沙发放在靠旁边的位置是可接受的。

蒋介石通常喝白开水,民国老照片上可以看见他使用的玻璃杯子,于是按图索骥,在市场上找到了外形相同的,买来陈列在桌上。

当年占领总统府的解放军战士回忆,他们曾把"蒋办"的地毯剪了做垫子。我和苏正茂好不容易在江苏工艺美术大楼,买到了两张地毯,一张复原"蒋办"用,一张是复原对门副总统李宗仁办公室用的。我们还挑选了一些假古董,放在"蒋办"会客室的博古架上。记得有一天接到梅园派出所的电话,说有个事情要找我了解一下,吓我一跳。询问后才知,有游客以为博古架上的工艺品是民国文物,偷走了其中一只上下合盖的透雕玉香薰,现在人被抓到了。派出所同志说如果玉香薰价值超过3000元,这个小偷就要坐牢。我说不到3000元。

我曾多次站在"蒋办"东间的休息室里,从窗内向外眺望,想寻找到当年蒋介石在这里的感觉。星转斗移、物是人非。这间房的变化最大,民国时期的实木地板,在做省级机关办公室时有过更换,更换时发现地板下面填满了木碳和煤渣,用以防潮和隔温。北面小间里的地面,原来铺设的是从法国进口的瓷砖,图案有红蓝白三种颜色,喻意"青天白日满地红",也被换成了白色地砖。这种红蓝白三色地砖,目前总统府里在李宗仁办公室还有少部分残留,在政务局楼和八字厅走廊上也能看见。

因为休息室是最东一间,站在门外参观的人是看不到里面的。我们根据史料的介绍,简单地布置了一下:一张躺椅,一张圆桌,一支落地衣架。盥洗室里白色的抽水马桶、面盆、浴盆都已不是民国原物。可能是为了颜色的统一,西墙上的橱柜也被涂上了白漆,但从其风格独特的线条上可以看出:这组墙柜是民国时期的原物!

2000年时的政治氛围和两岸关系，与今天相比是大不相同的。在门外挂上"总统办公室"木牌后，我们把"蒋办"的钥匙交给了大院管理处。没有任何批文说"蒋办"可以开放或是不可以开放。正像后来所说的"两岸关系的进程是需要有智慧的人来完成的"。当时大院管理处做了一件画龙点睛的事情：复制了蒋介石戎装像，挂在了办公室里！

连战参观复原后的蒋介石总统办公室

"蒋办"复原好以后，党和国家领导人多次来此视察、参观。并指示要保护好文物，做好两岸交流工作。

2005年4月27日，国民党主席连战一行"破冰之旅"来到南京，下午3点50分在蒋介石总统办公室参观、留影。复原后的"蒋办"为打开两岸僵局的坚冰、开启两岸关系新篇章发挥了重要作用！

三次改陈的清两江总督署史料展（上）

一　政协文史工作培养了我

1993年1月，我从南京航空航天大学调入江苏省政协文史办工作。政协办公地点在原总统府里，文史办在总统府西花园中，我的办公桌在文史办二楼上。据说这座小楼的前身是太平天国天王府洪宣娇看戏的地方。推窗望去，园中景色尽收眼底！

政协文史工作，使我的思想认识发生了两大变化，一是机关工作培养了我的组织性、原则性，提高了政治觉悟。二是文史资料让我的学习取向从"史论"转为"史实"。两个变化都对我后来的工作、生活产生了巨大的影响，筹办展览亦是受益匪浅！

随着总统府大院内各家办公单位相继搬出，1999年12月30日省委常委会议决定成立筹建领导小组，由省政协主持筹建"近代史博物馆"。胡序建副主席分管这项工作。政协文史办和管理处成为最初的两支力量：一个是业务，一个是管理。大约是1999年8月份前后，组织上抽调我负责筹办两江总督署展览，同时从管理处抽调了苏正茂、于阳等人。说实话，虽然我是大学历史系毕业，又拿了硕士学位，但对两江总督知之甚少。急寻资料，中华书局《中国近代史》中写有"两江总督裕谦坚决抵抗……"、"两江总督牛鉴闻风逃遁……"、"改派前两江总督李星沅为钦差大臣……"、"太平军斩两江总督陆建瀛"。以前视而不见，这时却赫然纸上，汗颜！

《江苏文史资料选辑》第四辑中有两篇文稿，一篇是朱偰的遗稿《江宁织造署及楝亭的关系》；一篇是韩品峥的《天王府旧址历史沿革简介》。朱文中写道："现在江苏省政协会址（南京长江路292号），是过去清朝的两江总督府;而清朝的两江总督府，又是清朝'江宁行宫'的一部分改建的，江宁行宫又是清初江宁织造署扩建的。"韩文虽然大多说的是天王府的情况，但是其中描述了两江总督曾国藩在这里"从同治九年开始到同治十一年，共新造正宅、门楼、穿堂、厨房、披屋及花园厅楼亭阁等共1189间"，而"长江路292号建筑群的基本布局一直没有什么重大的变动。"

曾国藩重修的两江总督署大堂建筑至今保存完好，重檐尖顶，高大气派；五间八架，三十六柱；殿前抱厦、月台，左右耳房和边门上分刻"琼树"、"旋原"、"清峙"、"飞黄"。

平时来来往往路过西花园，有一个"不系舟"，是两江总督尹继善为迎接乾隆建造的；有一个"勋高柱石"碑是表扬曾国藩的；还有一块卧碑"印心石屋"，与两江总督陶澍有关。

我每天上班工作的地方，竟是历时247年的两江总督署，其中有10年为太平天国天王府；1912年孙中山在此建立民国。后来又成为国民政府、总统府。还与大名鼎鼎的曹雪芹、"血腥残暴"的曾国藩有着密切的关系。

我心激动，无限暇想！

二　查找资料如饮琼浆

南京太平南路有一家古籍书店，离总统府不远，我们骑着自行车去搜寻相关资料。先后买回了《清史稿》、《清七百名人传》、《清代职官年表》、《国朝耆献类征初编》、《从政观法录》、《清史图典》、《点石斋画报》等等。

南京图书馆古籍部在龙蟠里，查阅资料手续十分方便，没带借书卡或是没有证件，只要把随身的一串钥匙放在借阅处，就可以入内阅览。

1999年5月28日，和于阳（左）研究题纲

闻知筹办"两江展"，两江总督刘坤一的后人、林则徐的后人、左宗棠的后人都来总统府，向我们提供许多信息和资料。南京毗卢寺是两江总督曾国荃建造，内有他捐赠的一口青花大缸；乌龙潭公园有早期两江总督马鸣佩的撰文碑；有刘坤一建的"肥月亭"、"何必西湖"坊题字和扬州平山堂题字"风流宛在"；陶澍"印心石屋"碑在南京、扬州、苏州、连云港及湖南等地共有5块，我们一一前去察看。

西递、宏村的明清建筑令人赞叹，我和苏正茂、于阳去邻近的皖南考察，虽然多为民居，但仍获得许多有价值的信息。

根据记载，总督大堂前原来筑有"丹墀"，前面有低一尺的甬道，文武官员在"丹墀"下轿下马。起初大家都不清楚"丹墀"是什么，为了增加对清代衙署建筑的了解，我和刘小宁去保定直隶总督署考察学习，眼界大开，不但看到了高大的"公生明"的牌坊，还看到了房檐下挂着的一排排长长的冰凌，让我记忆深刻：那是个严冬！

北京第一历史档案馆典藏了无数珍贵的清史资料，我们前去查阅时，正好遇上安徽合肥李鸿章故居的陈馆长，也为建馆前来查阅资料。双方不禁有"同出两江、进京赶考"的感觉，约好以后加强联系、互相支持。当时很少有反映清朝历史的电视剧，不像后来"清宫戏"泛滥成灾。我们并不知道清史研究的春天就要到来，无意中成了普及清史知识的报春花！

史料掌握多了，视野开阔了，不再是开始时的两手空空，反而是要在众多的头绪中理出脉络、选择重点。当时考虑要把两江总督署的面貌和变迁、总督人物和重要事件，及相关制度和职权表述清楚。天天苦思冥想、谋篇布局；常常夜不能寐、辗转反侧，好不容易睡着了，却又因梦中灵感突现而一跃醒来！经过两个多月的反复修改，题纲终于完成：展览分为场景复原和史料陈列两个部分，经专家和领导评审后通过！

本以为题纲工作完成后，便可交给施工队伍去做了，谁知却被告知，必须题纲、修图、文字、校对、设计、预算、施工、结算一条龙负责到底，让我们这些坐惯办公室的"秀才"始料不及！

三 "弃文从武"搞展陈

总统府里的展览沿中轴线从大堂向后，依次是"清两江总督署史料展"、"洪秀全与天王府文物史料陈列"、"总统府文物史料陈列"，三展相继开工，热火朝天。"两江展"位于东厢房和其后的一排偏房及院落内，施工单位是"南京天都达装饰公司"，公司张总是位女强人，项目经理小梁细致亲和，还有一位大个子经理，长得酷像香港演黑社会的演员成奎安，把工地按排得有条有理。当然，还有我们请来的监理陈工，认真负责，笔笔记录。

开工后才知道，有许多难题要去解决。首先，文保原则和维修方式的矛盾。一些古建的基柱、墙体、屋面已经腐朽，但在维修时禁止现场使用电锯、电焊，虽然付给场外制作费、运输费，但一些构件的测量、制作很不方便。其次，修旧如故和展陈利用的矛盾。理论上知道保护是手段，利用是目的，但在实际中往往是"保护"压倒一切。第三，内容和形式的矛盾，许多历史人物和事件，在文字描述中出神入化，但在布展时却很难表现，可操作的展陈题纲和指导性的概念题纲是两个层面；第四，历史还原性和艺术创作性的矛盾，在遗址展览中更加突出。

1999年，施工中的"两江馆"

天都达公司在做土建时遇到困难。东厢房的后墙年久失修，遇雨漏水，白蚁筑巢。中国的古建大多是连在一起的，拆一墙连一片。为了方便游客和保障安全，我们在后墙上加了一条钢梁，在东厢房和后面的偏房之间盖了一个廊顶，既为挡雨，又走管线。由此我知道了什么叫隐蔽工程。

正是这个廊顶，后来造成了许多麻烦。因为廊顶和东厢房、后偏房的结合部，是要在房顶上生出一个三角型的结构来，这就留下了败叶藏垢、枯枝横生的角落，日积月累，堵塞成坝，以致雨水内浸。

展览的亮点是在东厢房内设计了一个大堂的场景复原。两江总督是文二品、从一品，大堂背屏图应是仙鹤朝阳。今天号称"中国广告、创意100强"的上海卓越形象广告传播有限公司，当时其老总贾立军刚从美国留学回来，在创业起步阶段，在总统府附近租了一间房子做门市。我从一张挂历上找到了工笔画大师于非音的双鹤图，请卓越广告公司在电脑上删去其中的一只仙鹤，加上一轮红日，喷绘制作后，装裱在大堂背屏上。

大堂上面的匾额是乾隆题两江总督尹继善的"惠洽两江"，是请本单位的书法爱好者谢海宁集字的，为此还特意去燕子矶拓回了御碑上的乾隆款印。

曾国藩督两江时，为州府写过一副对联，其在日记中反复6次提到："虽贤哲难免过差，愿诸君谠论忠言，常攻吾短；凡堂属略同师弟，使僚友行修名立，乃尽我心。"因为字数较多，东厢房内挂联的立柱高度不够，便决定采用隶书"龙门"对形式，以减少书法占用的空间。当时曾想请南京的一位隶书好手书写，联系几次，无奈他开价太高，一个字300元，只好作罢。我们将字送到扬州漆器厂，有老师傅连字带联一起做好了，也没另收费。对联一直挂在大堂两边。

总督仪仗有虎头回避、肃静牌两对、青旗八面、旗枪四支、飞虎旗两面、杏黄伞两把、青扇两柄、兽剑两把、金黄棍两根、皮槊两根、兵拳两个、雁翎刀两把；另有云牌鸾架，红底黑字，上书总督本兼各职。我们在镇江影视道具厂订做了一套，放在左边的玻璃墙柜里。

总督的服饰有朝冠、朝带、朝珠、披肩和官靴等，并有冬夏两种。朝冠为镂花金座，顶是红宝石、珊瑚。朝服为蓝色或是石青色，绣有九蟒五爪，前胸后背绣一块边长为30厘米的正方形仙鹤图案的补子。当时做了两套朝服，一蓝色一黑色；一套是手织，一套为机织。因朝服上已有了一品仙鹤的补子，另又做了文二品锦鸡、文三品孔雀、文四品雪雁和武二品狮子、武三品豹子、武四品老虎等六张补子。放在右边的玻璃墙柜里。

朝服和补子是请南京云锦厂的织手金文做的。当时金文年轻有朝气，很像春晚上唱"咱们老百姓呀今个真高兴"的歌星谢小东。多年后我在一次会议上再次见到他，他已顶着"大师"、"传人"的光环，但是长长的头发，发胖的脸庞，看上去像是电视上做"雅戈尔西服"广告的费翔。

与苏正茂（左）以督抚相称

为了节约成本，我们从位于原国民政府参谋本部三楼的一间堆杂物的房间里，找到一张废弃的长条桌，做为总督大堂的公案。去布料城买了团花锦料做成罩子，把桌子一蒙，看上去还真像那么回事！曾因事先没有请示领导，擅自把桌子从房间里抬了出来，让从外边请来的裁缝师傅量尺寸，还遭到领导的批评。后来展览开放时，许多不知就里的记者，还专门报道了这张外表光鲜、看上去气派的"总督公案"！

后面偏房布置了史料陈列。偏房中间原有两根柱子，很是碍事，经过苦想，我们化不利为有利。把两柱之间连起制作成一道屏风，正面整幅大照片是一排真人比例的两江总督带刀侍卫，因为照片质量好，很夺人眼球。屏风背面是我们编撰的两江总督大事记，文字竖排。沿墙四周是落地玻璃柜，里面的图片史料内容分为：鸦片战争、仿制西学、洋务运动、辛亥风雨四个部分。

除了撰写前言、章回、后记和有关图文说明外，版式也是我们自己设计的，送到中山东路一家印制公司制作。这时候我们对两江总督的认识已从狭隘的"镇压农民起义的刽子手"、"地主阶级反动派"，转变到"修饬封疆、厘治军民"的封疆大吏，所有的文字说明，都"悄悄地"采用了中性的评价，这在当时是很"冒险"的！

我们还去江宁方山，请石匠老师傅用青石刻制了四块两江总督曾国荃、左宗棠、彭玉麟、林则徐的对联手迹，布置在院落里，平添了许多文人气息！

四　征集文物任重道远

1908年秋天，两江总督端方曾组织驻江宁的第九镇新军与驻湖北的第八镇新军进行军事对抗演习，为此专门定制了一批江西官窑的"秋操纪念杯"，形状是荷叶形。红红的叶子、绿色的柄，柄上还刻了"大清光绪三十四年安徽太湖附近秋操纪念杯"一行字。一次偶然在朝天宫古玩市场看到这对杯子，回去后向领导请示购买，却因要价"600元"太高而放弃，至今后悔不已。

有一次领导招开会议，我特意汇报了有一位在银行工作的同志，手中藏有一份两江总督端方颁发的"督练公所证"。证上除有持证人"本人影片"和数百字内容外，还有端方的签名和两江总督的关防朱印。出价5000元。藏家说并不是为了卖钱，只是觉得应该物归其所才拿出来的。会上大家都说好，但是否征集却没有下文。

银行这位同志也很放心，我们托关系把他的"督练公所证"借来看了好几天。苏正茂是电脑高手，将此证件扫描下来，一共四块拼接完整，彩色打印了两份；将其中的一份上的照片剪下来，贴在另一份上，看上去就像是原件一样。一直在展览中。

常州有个"文物贩子"，不知从哪里得到我的电话号码，经常打过来，说他又得到好东西，还把目录和价格表寄到总统府来。有一次他带来一张南洋大臣两江总督端方批准的禁烟布告，虽然品相差了点，倒也是真的，便用数百元买下；还买了他9张地契，毛边纸质地，每张50至80元不等。

曾有人拿来一副曾国藩写的对联："官佚旧参荀秘监　篇章高挹谢宣城"，因要价太高，也不知真假，罢了。到是有一个自称是在煤碳部门工作的人，先是让一个小青年打来电话，说是有一副陶澍写的对联，要捐给我们。后他本人又亲自打电话来，说先前那个小青年是他的司机，说话不懂礼貌，这次是来商量如何捐赠的事。当得知不付他费用时，他很生气地说："不付费还捐什么？"

夫子庙、朝天宫古玩市场是我们常去的地方，买过一对帽筒，白铜质地，上面刻着古意图案，因为此等物品少见，便买了来；还买过一座木地圆形桌屏，上面雕狮子捧绣球，正合"太师少保"之意，都陈列在展室的公案上。还买过花瓶、砚台、烟枪之类，点缀一下，展览生动起来。

五　良师益友携我前行

2000年元旦一过，"两江展"率先对游客开放，一时成为公众关注的热点。看着如织的人流，不禁心潮起伏。回想起来，办展中遇到过许多困难，原南京市文物局副局长韩品峥先生给了我极大的鼓励，他说："办展览是一个综合性的工作，牵涉到方方面面，每个人的角度不同，会有不同的看法。一个展览从你筹建开始，到展览办成，甚至到展览拆掉后，都会有人在不停地说三道四，你要坚定信心，实事求是！"

戴逸先生是我仰慕的清史研究大家，我们决定请他为"两江展"题展名。经过全国政协有关部门事先沟通和介绍，1999年11月22日，我们专程赴北京到戴先生家拜访。我们说明来意，并请他做我们建馆的顾问。戴先生满头银发，身体健康，笑容满面。自说是江苏常熟人，很愿意为家乡人做点事，不但答应为我们题展名，还提出了许多宝贵的建议，并和我们拍照合影。过后不久，戴先生就把题字寄

1999年11月22日，在北京戴逸先生家中合影

来了。当时他错寄到了江苏省文化厅，文化厅的同志知道是我在负责"两江展"，于是通知我去取信件。打开一看："清两江总督署史料展"几个大字，清秀有力，大家十分高兴，便送到扬州漆器厂做了一块黑底金字回文边的横匾，高高地挂在展室大门上！一直想请戴先生来总统府看看，好多年过去了，却没成行，很是想念他！

南京著名红学家严中先生来信，对"两江展"中的三处说法提出"赐教解疑"。一是"督署煦园原由江宁织造府扩建而成。康熙、乾隆巡游江南，多次以此为行宫"，请我说明出处；二是"尹继善《题不系舟》诗一首，诗前有小序云'金陵使院西偏，旧有室三楹，如半舫。'其中的金陵使院，他认为应是两江总督署，而非江宁织造署。"三是"乾隆到了晚年颇有悔意，诏令后人不许南巡，永作禁令。于是行宫的一部分划给了两江总督署。这是有可能的，但不知出自何处？"看罢来信，我既对严先生如此仔细地观看展览心生敬佩、亲自提笔写信给我这个后生深感关爱，又为自已学业不精颇感惭愧！后来，我和严老师在一次《南京晨报》组织的傅家边笔会上相会，一老一少，相谈甚欢，身边是漫山盛开的梅花！

最让我难忘的是一位家住南京俞家巷、名字叫作袁中丕的观众。素不相识，也没见过面，但是他的来信我一直珍藏在身边。信封下角是江苏省财政厅款，却又用笔画了一杠，从字体看应该是位老同志。信文摘要如下：

负责同志：

贵馆开馆不久，我曾去参观过一次，总的感觉不错，可惜规模小了点，陈列少了一点，应该说是初具雏型吧。在参观中，我发现有个错误，就是曾任两江总督之一的壁昌，被错写成璧昌，墙上的大字也是如此，一本介绍性质的小册子也如此。我当时就对一位中年的负责同志说过，应该纠正，以免误传。但一般的见识，总认为名字总该是璧玉的璧，而不会是墙壁的壁，因此对我的意见表示怀疑，据最近有同志去看过，说仍未改正。因此我再次写信来，建议贵馆改正，因为'第六届艺术节'就要到了，届时来参观的中外人士一定很多，知情的人会笑话……为了证明我的建议是正确的，现特地把清档中有关壁昌的几份奏折条幅复印给你们一阅，以资佐正。再，壁昌是满族人，不是汉人。

致礼

观众袁中丕

2000年7月27日

信中除了最后把蒙族错写成满族外，袁先生发现的问题是存在的，我们作了更正。

历史充满了情感，生生不息，奔腾向前！

三次改陈的清两江总督署史料展（下）

一　思想认识的提高是人生最大的快事

"那是我的桥，决不允许你炸我的桥！"工程师站在山坡上，神情幽怨地看着远处山谷中他亲手建造的大桥。这是前南斯拉夫电影《桥》里的片断。为了阻止德军撤退，游击队要炸掉这座桥，并且要工程师指出这座桥的要害所在。

2002年4月的一天，我站在"两江展"门前，感觉自已正是电影上的这位工程师。因为接到通知：封闭东厢房，拆除"两江展"！理由是进出两江馆看展览的人太多，与往后行走的观众形成交叉，人流阻挡了参观线路。

东、西厢房紧连大堂左右，是中规中矩的衙署布局。人为封闭东厢房，破坏了古建对称结构，视觉上像是打了膏药的"独眼龙"；何况这"两江展"是我殚精竭虑做出的成果啊！

当时，总统府正酝酿全面开放，省政协主要领导正集中精力征收东区行政院等民国建筑，与西区部队驻地协商置换民国建筑主计处及建设"1912街区"。随着各项工作不断推进，"两江组"的办公室从西花园小二楼搬至民国时期政务局楼前的内收发室；不久又搬到礼堂后面的四合院，这里曾是国民政府的典礼局。

对于封闭东厢房的决定，即使有不同想法，做为一个副处级干部，我只得服从。眼看着"两江展"被"毁于一旦"，做什么事情都提不起精神。

更让我无从下手的是，二次改陈的"两江展"面积虽然扩大到了1000多平米，但是大小不一、朝向各异、高高低低、七扭八拐的房屋和院落布局，根本无法形成正常的展线，就像是一个破坏性的试验，专门考验我的能力！

"两江展"的进口改在东花园，门向东开。进门是一个院落：左手一排坐东朝西的偏房，右手一排坐北朝南的过道房；正对着的是另一排坐北朝南房屋的东山墙，此房屋是"两江展"中面积最大的一间，96.12平米。此房南面又有一小院，小院南面是一排"L"形的偏房，向南出偏房又是一小院。向东便是东厢房西墙，墙上开一门，观众进入东厢房参观后，须由原路退出。

原先朝着中轴线开门的东厢房，此时由进口变成了最后一间死角。四扇雕花木门和通墙的玻璃隔窗封闭后，在里面用灰白窗纸蒙上，以免中轴线的游客看见里面布展用的轻钢龙骨。

主要领导对施工要求极其严格，从不轻易表扬人。有一次电工班的孙晓松慌里慌张地跑来对我说："快，领导找你去！"果然，领导一见到我就用他特有的地方口音说："你是吃干饭的！""啊？哦！"原来领导在"两江展"的工地上，看见有几滴白色的乳胶漆洒在地砖上，对我现场管理不力他很不满意。

百无聊赖之际，一天在资料室看到单行本《实践论》和《矛盾论》，不禁心中一动！

人在逆境中，对事物的感受有时会更加深刻。毛泽东在《实践论》中写道："常常听到一些同志在不能勇敢接受工作任务时说出来的一句话：没有把握。为什么没有把握呢？因为他对于这项工作的内容和环境没有规律性的了解，或者他从来就没有接触过这类工作，或者接触得不多，因而无从谈到这类工作的规律性。"

《实践论》指出了我情绪低落的原因："两江展"被拆除固然是一个方面，而更深层的原因是想躺在荣誉上、一劳永逸、固步自封；"对于这项工作的内容和环境没有规律性的了解"，对筹办新的"两江展"没有把握，怕自己是"江郎才尽"，搞不出新意。

《实践论》进一步写道："如果这个人在这项工作中经过了一个时期，他有了这项工作的经验了，而他又是一个肯虚心体察情况的人，不是一个主观地、片面地、表面地看问题的人，他就能够自己做出应该怎样进行工作的结论，他的工作勇气也就可以大大地提高了。"毛主席早就为我指明了前进的方向，我豁然开朗：一定要在办展览"这项工作"中"虚心体察情况"，努力"掌握规律"，大大"提高勇气"！

回想起来，1999年第一次办展时，我们"摸着石头过河"。虽然事事亲为，但效率不高；尽管认真负责，却难深入。既是因为时间仓促，也是没有经验、认识有偏差。这次改陈，正好可以总结经验，把展览工作做得更好！

1999年11月22日，在北京胡绳先生家里合影

和茅家琦先生在一起

解决了思想认识问题，便以更大的热情投入到筹展工作中去。在组织上的按排下，我和刘小宁等人专程赴北京，拜访了胡绳、金冲及等专家领导，捧上大红的专家聘请证书，在两位领导家里聆听高屋建瓴的教诲。南京的专家学者茅家琦、张宪文、崔之清、方之光、陆仰渊等人经常到现场会议、察看、指导。"两江组"还专请了南京大学历史系明清史专家范金民教授、扬州师院历史系周新国教授等参与题纲编撰。在装饰工程上，我们通过招标，南京百会装饰有限公司作为展陈设计、施工的总包单位中标。有了强大的学术保障和专业布展队伍，我们渐渐回归到"甲方""策展人"的位置上！也是从这时起，我开始思考展陈中甲乙双方各自的职责和相互的关系。

二 好的展陈需要学术支撑和专业制作

经过反复论证，我们形成一个方案：将复原的两江总督大堂改陈在面积最大的那间房屋里。大堂场景复原是展览的"眼"，好看又有内涵。可是当我们测量这间房屋后，发现它有一个致命缺陷：那就是在它的中间由东向西等距地一字排开三根柱子。如果在正中间摆放总督公案，正好被中间的柱子挡住。经过苦思冥想，找到变通的办法：

以东边那根柱子为界，砌一道隔墙，隔墙西边为大堂复原场景，这样空间中的两根柱子是左右对称的，可以满足复原之需。隔墙东边形成过道，在后墙上开一小门，形成流通的参观线路。

原先大堂背屏仙鹤朝阳图是写真喷绘，这次我们把钱用在"刀刃上"，下决心用"重金"7万元在扬州漆器厂订做了背屏、立屏、匾额、对联等。左右边门上分别是"两江保障"、"三省钧衡"匾额；两柱上是两江总督铁保手迹对联"齿牙吐慧艳于雪，肝胆照人清若秋"，正中上方除了"惠洽两江"，还有重额"秉钺三江"。老扬州漆器厂采用传统生漆做法，质量一流！当年与我们接洽的是瘦瘦的业务员小董和女经理小韩，后来两人都成了厂里的领导！

隔墙以西的过道，我们从《点石斋画报》上找到6幅与大堂有关的故事画面，用镜框绫纸装裱好；还请著名书法家黄惇书写了4位两江总督的手迹对联悬挂两侧，不但雅致文气，也介绍了相关的知识。

前次布展订制的曾国藩"龙门对隶书联"，这次也移挂在大堂门前，因为是旧物利用，看上去与新环境空间有点不合比例。堂前大鼓是偶然在南京南湖小区的一间供销社店里看见的，谈了半天价格，以1000元买下。

进院左手坐东朝西的偏房，因其闭塞的方位和空间，很长一段时

门前的对联原先是挂在别处的

间内不知如何布展是好。后因找到一幅晚清"曾国藩庆贺太平晏"的年画：正中一架围屏榻分坐曾国藩、李鸿章，两边灵芝椅依次是左宗棠、骆秉章、鲍超；彭玉麟、李续宾、曾国荃等人；中间有人持红封报喜，画上共有官员20多人，个个官服顶戴，每人旁边写有姓名。于是将此屋陈列为总督花厅。除了按年画中陈设布展外，我们还做了4块挂屏，上书"嘉庆帝御制甄别贤愚以澄吏制谕"，内容非常适合。

但也遇到"学艺不精"、多交学费的事情：我们订制了一架立屏，上面是三希堂藏"千里江山雪无垠"图。制作合同上写的是高2米宽2.1米，拆开包装后，感觉小了很多。用尺量后，外框最大处尺寸大小与合同不差。再想方知是厂家有意把木雕花边做大，而将涂金的内芯缩小，这样可以节省成本。

在"L"形的偏房中陈列的是两江总督的文物史料、图片文字，内容紧扣遗址分为：宫府旧地、兵火劫掠、同光重修、民国发轫。特别是《两江地方行政建制表》、《两江地方军事建制表》、《江南分省步骤表》等是我的一点研究心得，得到学术界的好评。而《两江赋银、漕运比例表》，列举康熙、乾隆、嘉庆三朝和两江地方之比，非长期潜心研究不能得其貌，我的功力自是不够，此成果是在范金民教授指导下完成的。值得一提的是，百会公司承做的这项展览，后来经过10多年寒暑，特别是在多梅雨潮湿的南京，竟然所有的制作，包括

二次改陈后的"两江展"

喷绘画面、木制镜框、平厨立柜、藻井玄关，几乎连一点点的卷边损坏也没有。每当我经过这里，都会仔细抚摸，心生感慨！

此"L"偏房的转角是一个死角，面积3.8×6有22.8平方米。我们因地制宜做了一个两江总督署的全景沙盘，史料根据是《同治上江两县志》载："复城后，总督以下皆寓行辕，九年仍就旧基建造，先清理官界，参差不齐，配买民基，筑砌围墙一周，共折方五百六十丈有奇，十年正月开工，升碑为高，十一年四月工竣，新造正宅大小房屋四百八十七间，门楼穿堂走廊四百一十八号，厨房披屋七十六间，厕屋十三号又花园厅楼亭阁六十三间，披房游廊平台一百四号，箭道房屋八间，坡廊二十号，总共一千一百八十九间，又吹鼓楼两座牌坊四架，墙垣折方三千三百四十丈零塴地折方一千四百二十丈零花园荷花池驳岸一周水沟五百六十余丈，有石船一座，署前二坊，曰两江保障三省钧衡。"沙盘是请苏州园林公司嵇娴老师设计制作，很有水准。三面墙上背景树木远山，是请南艺学生按沙盘景物同等比例绘制，与沙盘融为一体。

两江总督署沙盘模型

近代两江总督绣像厅

最后一间东厢房，面积16.4×5.1有83.64平方米。我们大胆创意，请南艺杨金绕先生绘制了林则徐、曾国藩、李鸿章等12位近代两江总督的绢本绣像。每幅高1.8米，宽0.80米。蓝本大多是从《故宫紫光阁功臣绣像》中找来，有的原样上只是线描而无着色，需要考证创作。百会公司的时卫平先生大胆创意，制作了四块与总督绢画面积同大的青石板做为章节，每块上面雕刻形态不同的狮子。石材大多用在室外，但在这里与总督绢画相组合，倒显得很有艺术感。因为游人用手摸得多了，现在石狮子头上光亮可鉴！

我们在进门的院落里，安放了一块带须弥座的卧碑："惠洽两江"，既增加了信息量，又弥补了背后山墙的大幅空白。几棵石榴和芭蕉越墙而出，原先"杂乱无章"的院落顿生情趣，显得曲径通幽！

展览验收那天，我跟在领导身后。他走进展厅，四处看了一会，板着脸说："嗯，还可以！"我心中想起法国电影《虎口脱险》中的一句台词："就算是一架缝纫机，我也要让它飞上天！"

三　历史和现实从来紧密相联

同治年间曾国藩重修了两江总督署，后来的总统府在此布局上没有大的改变。但是建国后这里不是以民国中央政权遗址、也不因历时长达247年两江总督署为文保单位，而是以仅存10年并已毁之一炬的太平天国天王府名义为全国文保单位，自是因为它的"革命性"和"进步性"。1951年1月，《人民日报》发表了《纪念太平天国革命百周年》长篇社论；天王府遗址上也举办了相关展览会；毛主席还根据"筹委会"所请，提议政务院副总理、中科院院长、历史学家郭沫若题写了"太平天国起义百年纪念碑"，立于大门前（现移总统府东花园内）。1982年2月南京市政府立碑"天王府遗址"为"全国重点文物保护单位"。

在"两江展"二次改陈之际，我曾当面向领导请示：因"两江展"内容较多，相比之太平天国、国民政府、总统府展览面积较小，能否将紧连"两江展"后面的四排三进房屋增加给"两江展"之用。特别是最后一进的二层小楼，据茅家琦先生考证，为晚清建筑。从位置上来看，与西花园中孙中山起居室相对应，在两江总督署时期应为总督家眷的居所。领导因会议已经决定将其拨给太平天国展之用，没有批准我的请求。从传统认识的大背景来看，这种"重洪抑曾"的安排是理所当然的！

百会装饰公司人员在加班

但是到了20世纪90年代，好像是某个程序开始启动，曾国藩由"刽子手"开始变成受人崇敬的"功臣"。唐浩明先生的一部小说《曾国藩》，艺术生动地描绘了曾国藩的"文治武功"，同时也不

2000年时的富厚堂

可避免地黯淡了对手洪秀全的光环；甚至有人研究出洪秀全是"邪教"。《曾国藩》一书于1999年被《亚洲周刊》评为20世纪华文小说百强之一；2003年获得首届姚雪垠长篇历史小说奖。我留心阅读了小说中对曾国藩在两江总督署行踪的描述；和苏正茂、范金民教授赴湖南，不畏山路艰险（当时不通公路），深入双峰荷叶乡湘军腹地、感受富厚堂环山抱水之气息，与管理处胡卫平先生一见如故！后来，我又两次去双峰参加曾国藩国际研讨会，在富厚大讲堂聆听唐浩明先生的讲学。我还参加了凤凰卫视《湘军东征》的拍摄，讲述曾国藩在两江的事略。唐先生新书《评点曾国藩嘉言钞》上下两集出版时，特意给我寄了一套，我非常高兴，收到书后马上打电话致谢，谁知唐先生不在家，是师母接的电话，我即请代为转达！谁知过了数月，有一天我因其他事打电话给唐先生，唐先生问起有没有收到书的事，我才知是师母忘记对他说了，连忙解释道歉，才免去一场误会，当然现在回想起来都是难忘的佳话！

洪秀全和曾国藩最后都死于南京总统府内。据《荡平发逆图记》：1864年6月，洪秀全依基督教教规，死后不用棺木，全身以绣龙黄缎包裹，埋于金龙殿下。而据曾国藩的女儿曾纪芬《崇德老人自订年谱》：1872年2月，曾国藩至署西花园中散步，忽足屡前蹶，渐不能行，即已抽搐，因呼椅至，掖坐椅中，异以花厅。家人环集，不复能语，端坐三刻遂死。

金龙殿和花厅（民国时期改造为礼堂）相距不远。我经常行走在金龙殿和礼堂之间。心中想：你两位老兄生前兵戎相见拼杀了一辈子，想不到最后却死在一处，不知你俩九泉之下相见作何感想！现在你俩相安无事了，我们却搞得学术、思想、展览众说纷纭、争论不休、莫衷一是！

好像是为了专门说明什么叫做"乱相丛生"，这期间发生了一件让我"惊悚"的事情。"两江展"二次改陈后，我的办公室搬到了原国民政府参谋本部（大黄楼）三楼。一天我正独自一人埋头整理材料，忽然推门进来三个陌生人，身上穿的都是蓝色新棉衣，我一眼看见其中一人的口袋里露出一本黄颜色的书脊，是我的才出版不久的《清两江总督小传》。三人走过来表情愤恨地围着我，自称从山东来，是两江总督马新贻的后人。他们说浙江拍的电视剧《刺马奇案》，因侮辱了他们的先人，在他们状告之下已经停播，并赔偿了40万元。而我因为在展览中"捏造史实"，说了马新贻不少"坏话"，这次是专程来找我算账！

和唐浩明先生（左）合影

当时快要过年了，社会需要稳定。来人指着我说："你要是不老实，我们就回老家从村上领2万人来，在你们省委门口静坐，找你们书记回良玉（时任江苏省委书记）。我们是回民！"闻听此言我手脚发软，差点没昏过去。

后来此事不了了之。没有等到马新贻"后人"再次来找我，却收到了山东菏泽医专一位叫高尚举的副教授寄来的《刺马案探隐》、《马新贻文案集录》等专著。拜读之后，收获颇多！

"两江展"第三次改陈是在2010年12月，这次我们重新打开东厢房大门，一瀑阳光照射进来，生出妙曼的色彩，与对面西厢房相看两不厌，感觉好极了！展览吸收了新的研究成果，调整了相应的内容。在过道尾厅展示了一幅金钱勾画的《江南通志图考·江南省城之图》，门上对联是别有意味的"惠洽两江流芜月　清风是式娇去尘"。

正如《矛盾论》所述："在复杂的事物的发展过程中，有许多的矛盾存在，其中必有一种是主要的矛盾，由于它的存在和发展规定或影响着其他矛盾的存在和发展。""因此，研究任何过程，如果是存在着两个以上矛盾的复杂过程的话，就要用全力找出它的主要矛盾。捉住了这个主要矛盾，一切问题就迎刃而解了。"

"两江展"的主要矛盾是什么呢？我认为就展览而言，一是大量的史料内容和有限的展示空间；二是历史题材的逻辑性和传统古建的

"两江展"庭院

零散性；三是两江总督的影响和在整个总统府历史遗址中的地位。

针对以上矛盾，解决的原则是，一、作为近代遗址馆，要紧扣近代内容部分；二、点面结合，各自成章；突出个性，相得益彰；三、与太平天国、国民政府、总统府内容相比，两江总督虽然较为疏远，但其已"玉化"为文化，润物无声、挥之不去；太平天国虽然妇孺皆知，却是难有新意；国民政府、总统府引人关注，却限于很强的敏感性和时政性。

主要矛盾是抓住两江总督承载的传统文化，最大限度地转化为生产力，为现实服务！

关于陶林二公祠移建、复原和利用的情况

一 移建使得二公祠重生于世

陶林二公祠建于光绪九年（1883年），原址在总统府对面的长江东路4号，与总统府东院墙相距140米。因筹办"两江总督展览"，我曾多次去二公祠内察看。当时二公祠里杂居了51户人家，堆满了生活物品，建筑状况和人居环境都不是很好。二公祠内部空间较高，记得祠内左右偏房都搭有隔层，隔层上也住着人家。我曾爬上去一次，心想这些隔层不知是建祠时就有，还是后来住在里面的人自已搭建的？当时二公祠周围的民居都已拆除，到处是瓦砾。因为二公祠并不在总统府管辖范围，二公祠是保是拆不得而知。2001年6月的一天，忽听别人说"开拆了"，我们赶紧到对面去看，正好遇上南京电视台的节目主持人丁龙江。因为"两江总督展览"他曾采访过我，所以得以相识。他开口就问："你们为何把它拆了？"我说："这里不属总统府管辖，我也是才知道的！"当时现场还有一些陌生人，知情的人小声说："这几个是来收文物的，在这已盯了好几天了！那边那个是

文物部门的，在此看守着，不过一下班也就走了！"

后来听说二公祠拆下的木石砖瓦等构件都已编号收入后宰门仓库，不日即可安原样恢复。再后来，陶林二公祠原址建起了高大现代的江苏美术馆，二公祠回到原处是不可能的了。南京市民对复建非常关注，媒体也跟踪报导。有关部门研究后拿出方案：移建南京九华山！

可是又过了几年，听说因九华山地形坡陡，不适合在此移建二公祠。直到2007年1月，移建工程竟然在总统府里开工了，地点在东区马厩的后面、行政院的前面、"两江展"的东面。事情总算有了着落，可是各种议论又来了。当时我已接到复原布展二公祠的任务，许多同事来对我说："昨天晚上著名主持人某某在电视节目里，把二公祠移建在总统府里大加抨击，说做决定的人不懂历史，这里历史上是太平天国的天王府，却把镇压它的敌人的祠堂建在这里，不是大笑话吗！"我知他是做综艺节目的，可能不知总统府历史上做两江总督署的时间长达247年，比起10年天王府要长久得多。

移建工程在省政协主席曹克明的亲自过问下进展顺利。原祠共留下349组木构件（含14组七彩斗拱、两扇门、3件窗格），24件石柱

2007年8月2日，移建中的二公祠

础、3组人物图案砖雕。为了保证质量我馆特意邀请东南大学工程结构与材料检测中心主任邱洪兴教授，对留存的木构件全面进行检测；邀请南京博物院文保科学技术研究所研究员李克彪，对存在腐朽、虫蛀、开裂、缺损的木构件进行处理指导，凡有修复所需木材都专程从苏州木渎市场淘来含水率低、不易变形的老料。在修复木构件时，意外发现一抱梁云上有墨书题字："钦差大臣太子太保东阁大学士两江爵阁督部堂二等恪靖侯左宗棠□加一等□功□功主□龙楼凤阁九重门□"，为重要历史遗存，我们将之入册特别保护。

移建后的二公祠由前院、前厅、庭院、左右回廊、正厅、东厢房组成，总面积871平方米。实践证明，在原址复建不可能的情况下，移建总统府内是最好的选择！

二　专家会议对布展具有重要指导意义

在工程保卫部组织土木工程的同时，展览研究部撰写布展提纲的工作也随之展开。我埋头查阅了许多相关资料，对祠堂和祭祀文化有了进一步的了解。祠堂是旧时族人纪念祖先和先贤的场所。雍正二年（1724年）谕旨凡"以死勤事则祀之"，入召忠祠；八年（1730年）又诏："凡法施于民，以劳定国者，皆列祠典，受明礼"，入贤良祠；顺治十一年（1654年），从孔有德起，始建功臣专祠。遵照谕旨，京师和各地先后分别建昭忠祠、贤良祠、功臣祠及宗室家庙等。清时建祠有一人一祠，也有双人、三人、四人一祠，如双忠祠、三烈祠、四贤祠；有一地建多人祠，也有在各地为一人建祠，一般是建在其出生地和做官的地方。按照制度，凡入各省专祠者，春秋两季由守土官致祭，祭祀时一般用少牢一、果品五。光绪九年（1883年）两江总督左宗棠为感激、怀念陶澍、林则徐二人早年知遇之恩，奏请皇上恩准，就近在署前建二公祠，是为功臣专祠。

2007年3月30日，陶林二公祠布展题纲专家论证会。中坐者为崔之清教授

2007年8月21日，我部牵头再次召开了"陶林二公祠布展题纲专家论证会"，韩品峥、崔之清、张十庆、杨天麒、时卫平、邹尚等专家到会。刘小宁副馆长主持会议，我就题纲内容向专家们作了详细介绍和说明。提纲拟以复原正厅（祭堂）为中心，在前厅正梁上、陶林二公塑像头顶上方，悬挂道光皇帝为陶林二人分别题写的"干国良臣"、"功资柱石"匾额；正前梁上悬挂竖式御书"表忠"匾额；祭台上陈列陶林二公官服坐像，背后为红底云纹背屏；红木几案上按制度放置祭品等等。会间，专家到现场进行实地考察，对题纲作了充分肯定，并就一些具体问题发表见解，并达成共识：1. 前厅东、西两侧室，重点介绍陶林在两江的政绩和二人之间的关系；并陈列陶林家谱、大事年表等内容。2. 前厅、祭堂、中轴线陈列宜简洁，要按照祠堂功能，力求表现原貌，内容切忌繁杂。所挂楹联内容、字体、背景要有出处。3. 中英文对照说明牌的字体、内容要规范，特别是对一些历史名称、典故的翻译要准确。4. 东厢房北墙介绍左宗棠早年与陶林的关系，及后来左建祠的情况。东厢房南墙介绍这次移建祠堂和布展

有关情况。5. 东厢房西向门外对面山墙，介绍清代京师和各省功臣专祠一览表。

三　东阳木雕将二公塑造得栩栩如生

陶、林二公祠布展是否成功，关键在于祭主的表现手法。所幸陶澍和林则徐的画像都有古本留存。若把陶、林按古画作绢本设色临摹，悬挂在祭堂中央，倒也不失为一种办法。但是流于平常、似曾相识。二公祠建筑风格精美，仅用两幅绢画显然还压不住"阵脚"；而同在总统府内、与二公祠隔路相望的"清两江总督署史料展"中，已有12位晚清两江总督的大幅绢本画像，如果再为二公画像，形式上实是雷同！我们又想出用"吴道子的风格"，将陶、林二公的形像，摹刻在青石板上，这样显得有厚重感。正当大家不确定能否找到两块2米×0.9米的青石板时，又觉得用石造像色调阴沉、感觉冰冷，缺乏亲和力，此方案也被否定了。

为此，我专门去了一趟浙江东阳，经过实地考察，认为用木雕的形式表现二公是贴切的！提议得到专家审议通过和上级组织批准。于是抓紧收集能见到的陶、林二公画像，和有关清朝服饰的资料。陶、林二人身为两江总督，本职是正二品，加钦差大臣衔后为从一品。一品服饰有朝冠、朝服、朝带、朝珠、披肩、官靴等，并分为冬夏两种，质地、颜色都要一一查阅清楚，为做雕像提供必要的依据。

根据祭堂空间大小，我们再三考量，将陶、林官服坐像木雕的高度定为1.85米。高度和体量的确定，必须慎而又慎，因为一但开工制作，便无可改变。它的体量是否能与周围的匾牌、对联、香案等协调，那只有在安装到位后才能知晓了。从事展陈工作的同志不但要有相关的历史专业知识，还要有一个好的三维空间头脑！

2007年9月，我再赴东阳，在察看了木雕白胎后，对杜厂长提

2007年11月21日，在东阳和木雕厂杜厂长（左一）讨论制作二公像有关问题

出三点要求："1. 不要把陶、林二人做成了双胞胎，要突出各自的特点、各具神韵；2. 不要做成现代英雄人物高大全的形像，要有晚清气息；3. 不要太市井化，要有功臣的威严。用亚光油漆。"

东阳木雕保持优秀传统工艺，选上好香樟木，经自然风干、不再变形后，不用一钉一铁，手工榫铆拼塑成人物形像，包裹上麻布，批上腻子，砂子打磨。等客户确认坯型无误后，再进行油漆彩绘，描金涂粉。11月我三赴东阳。木雕已基本成型，陶澍居左，左手抚在前胸，右手置于膝上；林则徐居右，左手置于膝上，右手拈须；两人合坐一起取向心之势。但是林像的右手肘略显得短了一些，不够舒展；而两人胸前的补子，误成了整块，其实应是一分为二，钮上扣子时才合并在一起。

经过现场察看和协商，我们提出修改要求：1. 林则徐右手手肘处要加长4-5cm，左手要多露出半指；2. 陶澍左手手肘处加长4-5cm；3. 座椅靠背纹饰过于现代，要有清式的风格；4. 补子中的仙鹤向着装者右手方向，后背的向左；5. 陶林二人官服颜色，一深一浅，林深陶浅。

二公祠内景

12月15日凌晨2点，东阳方面终于送来了二公的塑像！我和部里的同事，早已等候在现场，众人合力，经过紧张的拆封、吊卸、搬运、安装，在东方泛白之前将二公请上了祭台：陶林二公神采奕奕、威风凛凛地高踞祭台之上，映照得满堂辉煌。二公一手按胸一手抚腹，我明白他俩对我们的勤奋工作，表示"心知""肚明"！

四　"崇祀名贤"大型砖雕成为一绝

祭厅是祠堂的中心，一般摆放有贡品、烛台、香炉、家谱、楹联、书桌、笔墨、插屏等等，祭祀活动主要在这里进行。祭祀规格高低依入祠人的身份而定，按照制度，陶林二人为功臣专祠，而入各省专祠者，春秋两季由守土官致祭，祭祀时用少牢一、果品五。

长沙市政协文史委副主委梁小进是我的熟人，他是左宗棠的后人，我请他提供了左宗棠手迹，送扬州漆器厂做成对联，即是现在悬挂在祭堂门前的"三吴颂遗爱鲸浪初平治水行盐如公诚不朽　卅载接音尘鸿泥偶踏湘江邗上今我重来"。而"少牢一"是指猪头、羊头各一个，我们用木头制作了两个，贡在案台上。"果品五"是五种时鲜果品，这个容易办到，可是用来盛装果品的高足盘不好找，找了好久

2008年1月10日，在木渎察看制作中的"崇祀名贤"大型砖雕

也没见到符合要求的，我专程到景德镇寻觅，一入大市场即见第一家就有三足敞口青花瓷盆，心中大喜欢，买了五只：真是陶林二公神灵保佑！又在苏州专门定制了铜香炉和铁制的焚帛炉，起先为焚帛炉放在庭院中间还是两旁拿不定主意，后来我到沈阳关外三陵看见那里关于祭祀的许多实物都留存原位，许多难题不用费事就迎刃而解了，心中大为感叹：做历史研究是有地域条件的！

为了把清时祭祀场景再现出来，我们在苏州订制了一个长5.6米、宽2.2米、名为《崇祀名贤》的砖雕。此砖雕参照《点石斋画报》中，祭祀两广总督张之洞的场景，结合二公祠面貌和相关原素，请苏州园林公司的嵇娴老师为我们打样、定稿、制作。砖雕共用40块60×60公分的金砖并在一起，上面雕刻了65个人物。陶林二公像在祭台上，面前是跪拜的官员，分成几个层次，近前的品级较高，稍远的较低。65个人物栩栩如生，身材比率准确、神态各异，有的上香有的跪拜，有的交头接耳有的闭目沉思，官员身上的补子图案也细腻地雕刻出来，技艺高超、实属难得。2008年2月21日砖雕运抵总统府，经过5天安装，陶林二公祠东厢房门前的山墙上，又有了一件馆藏精品！

五 任继愈大笔如椽题展名

二公祠布展工作紧张进行中，开放在即，要请一位名人题写展名。总统府历史文化底蕴深厚，展览陈列弥足珍贵。能为展览题写展名的人，要么是学界泰斗，要么是社会名流。已经展出的"清两江总督署史料展"是著名清史专家戴逸的墨宝，"洪秀全与天朝宫殿历史文物陈列"由胡绳所题，"总统府文物史料陈列"为程思远亲笔。题写者的身份、地位与展览相得益彰、相互辉映。每次题写都有一段故事，每个展名也都延伸为总统府今天的"历史"！

陶澍和林则徐是清朝的封疆大吏，二公祠堂是光绪九年左宗棠所建，请谁来题写展名呢？想起去年南京图书馆特藏部徐主任曾送我一本她的新作《活字本》，这套丛书由任继愈先生主编。任先生时为国家图书馆名誉馆长，是学界公认的哲学大师，他认为儒、释、道是中国传统文化的三大支柱，深刻而又广泛地影响着我国社会各阶层。何不请任先生题写展名呢！我即将此想法向组织上作了汇报和请示，得到赞同。

在北京图书馆和任继愈先生（中）在一起

2007年7月，列车在夜色中向北京奔去。我在卧铺上睁着眼睛：任先生今年高寿92岁，是著名的大家前辈，我只是一介后生，素昧平生，此去拜访不知所请能否如愿……

按照约定的时间，我们来到国家图书馆。远远看见高楼上"国图音乐厅"五个隶书大字和任先生的签名，书法功力深厚、极具艺术欣赏价值。我就知道这次是来对了！任先生的办公室在三楼，先已有客人来访，我们在李秘书的办公室里等候。快到中午时，先生让我们过去一谈。

任先生思路敏捷。得知我们是南京总统府的，为陶林二公祠题写展名事来，非常高兴，询问了南京的文保情况和二公祠的复建过程，当即表示"我原则上同意题写"。兴奋之下我请求和先生合影留念，任先生主动走到窗前光线好的地方让我们拍了照。

回宁后我们即发了一份正式的公函感谢信："任继愈先生台鉴……承蒙先生不辞九旬之高龄，于百忙之中为二公祠赐写馆名……成为最传神之笔，深为广大参观者所钟爱。对先生热衷公益事业，为我馆展览建设所作的贡献，谨表诚挚的感谢！"

工作繁忙，一晃两个多月过去了。秋风乍起，中秋节快到了，题字的事却没有消息。打电话给李秘书，李秘书热情地说："快了快了，就这两天了！"又过了一周，再打电话去，李秘书却是出差去了。一轮明月挂在中天，举头望明月，想不到今年中秋节我最思念的人儿竟是任先生！

终于，国庆节后的一天，收发室小李举着一个蓝色的大信封对我喊道："刘部长，北京特快专递！"裁开封口一看，正是天天盼望的任先生的题字。这次任先生题写的是柳体楷书，"陶林二公祠"五个大字笔力苍劲，墨色雄浑，白色的宣纸、黑色的字迹、落款处两枚红色印鉴，更有笔势纵横透出的飞白，看上去就像是斗霜傲雪的梅花！

我们送扬州漆器厂，特意做成红底金字匾牌挂在二公祠里！

六 二公祠开放有利于社会和谐

二公祠的复原开放是南京文保工作中的一件大事，也解开了人们心中期待已久的一个情结；既保护了文物建筑，传承了民族文化，也颂扬了陶、林、左三人之间的友情节义，纪念了他们在两江的政绩、销禁鸦片义举和维护祖国统一的千古佳话。

2007年12月26日上午10时，陶林二公祠开幕式隆重举行，省政协副主席陆军、南京市人大常委会主任胡序建、省政协副秘书长罗有康、办公厅副主任张曹龙等领导同志为开幕式剪彩；南京市副市长陆冰、我馆馆长尤伟华及陶澍、林则徐的后人分别在仪式上讲了话；南京市、区旅游局领导、南京市博物馆、太平天国历史博物馆、南京民俗博物馆、福州林则徐祠堂、湖南小淹镇陶澍纪念馆代表、左宗棠后人及部分专家学者参加了仪式活动。我怀着激动的心情主持了开幕式。

清朝时二公祠东厢房是致祭人为祭祀活动提前做准备和休息的场所。祭祀活动前，有专人来此打扫净尽，摆设茶几、祭器和供品等；不做祭祀活动时，祭器等物件便存放于此。

在常熟订制二公祠祭台

为了庆贺二公祠的开放，我馆特意邀请了陶澍、林则徐以及二公祠建造人左宗棠的后裔参加活动。陶、林、左三公一百多年前深厚的感情也深深地影响了他们的后人，由于三家人各处一方，见面的机会不多，他们很珍惜这次相处的机会。林坚是林则徐的第六世孙，居住南京；陶世郁是陶澍的第五世孙，居住杭州；梁小进的妈妈是左宗棠的曾孙女，居住长沙。三公后人代表在陶林二公祠见面时一见如故，一次次地拉着对方在塑像前合影留念，叙说祖辈往来趣事。梁小进说，左家从民国时期开始就没落了，后人也很少为官，回忆起几家的交往："我和林坚的姐姐曾经见过一次面，那还是在20年前，是在苏州参加全国第一次左宗棠学术研究会的时候见的面，后来就没有机会了，三家后人能坐在一起真是难得啊！"陶世郁拍拍他的肩膀说："我们还是亲戚呢，说起来你比我还大一辈，哈哈！"林坚激动地对记者说：移建的陶林二公祠最大的特色就是修旧如故，基本上保持了老陶林二公祠的原貌，我们后人看了很激动，感觉跟老陶林二公祠相比，可以用原汁原味四字来形容；特别是在百年之后，我们陶、林、左三家后人仍能在先人任职过的南京相逢相知和祭祀先祖，相信三位先祖地下有知，一定会含笑九泉！

关于太天平国天王府展陈的几点想法

1853年太平天国定都南京，洪秀全将清两清总督署扩建为自己的天王府；1864年湘军攻破天京，一把大火烧毁了天王府，诚所谓"十年壮丽天王府　化作荒野鸽飞"。2000年"洪秀全与天朝宫殿历史文物陈列"（下称"洪展"）对外开放，至2012年，展出时间已超过了

重新制作的胡绳先生题展名

天王府历史上存在的时间，但展陈几乎一直保留着当初开放时的状况。随着观众鉴赏水平的提高，和社会环境的变化，人们对展览提出更高的要求。改陈是博物馆的正常工作，天王府的展览要反映历史、突出遗址、古为今用。

一 "洪展"在内容和形式上遇到瓶颈

2000年"洪展"开放时由两个展厅、三个场景及间隔的庭院组成。西面两个展厅分别陈列了天朝宫殿的全景模型、图片资料，介绍了太天平国运动发展脉络；中路三个模拟场景分别是天王书房、天王宝座、天王后宫；庭院中排列了"太天平国群英浮雕"、"洪秀全立像"、"洪秀全半身像"。

2002年，"洪展"向东扩建，将三进院落和一幢两层晚清小楼纳进来。在这里展陈了洪秀全在广东、广西、湖北等地居住过的房屋的模型；将晚清小楼辟为"娘娘宫"。同时将中路三个模拟场景中的天王书房改名为枢密室，将天王后宫改名为天王书房。

"洪展"是先后两次布展所成，展览内容在统一性上有所欠缺，布局也不尽合理，史料内容与场景复原之间缺乏呼应。由于展览历时较长，许多展品已经损坏，大量图片边角卷起，许多展台、展布已显陈旧，展览形式和手法也显得落后，如太平天国王府布局图已面目全非，天王宝座上方的圆拱、藻井开裂，对联描金已经脱落等等，无论是内容上，还是形式上，都亟需进行改陈。

二 专家为"洪展"改陈把脉号诊

为此我们组织了"洪展"改陈专家论证会议。中国太平天国史学会会长、南京大学历史系教授崔之清先生，提出了既有高度，又可操作的建言。建言刊登在《总统府展览研究》期刊2009年第四期上，节录如下：

　　检视以往太平天国展区布展的思路和绩效，笔者认为，已经展出多年的展区布局显现某些缺失，有较多的改进和创新的空间，有必要邀集各方面的专家和展研部的同志，展开专项调查和研讨，集思广益，研拟新的布展方案，使太平天国展区的布局能够跟进民国展区的创新，形成新的思路，打造具有天王府遗址特色的创新性布局，有助于推进遗址博物馆展览布局的整体创新，从而建成更具遗址特色和深厚人文历史内涵的一流博物馆，为广大民众提供优质的旅游和文化资源。就笔者观察，目前的太平天国展区布展存在三个主要缺失。

　　一是金龙殿场景与太平天国史的场景形成两个不相统属、相对独立的布展板块，二者布展思路不一，制作风格和范式具有明显差异。金龙殿以天王洪秀全为布展中心，太平天国场景则注重要历史事件的展示和诠释，并未关照洪秀全的中心地位。这样形成两个布展主题，难以使游客对天王府遗址和洪秀全产生比较深刻的集体记忆，无疑影响了集中展示遗址及洪秀全活动的整体效果。

　　二是太平天国板块的事件场景制作因建筑空间偏狭的限制，规模和格局严重失真，而且历经多年展示，场景损坏较多，建筑空间也多处受损，展示效果大受影响，亟需维修建筑，重新布展。

　　三是太平天国史布展板块与中国近代史展区的内容多有相似，而且南京太平天国历史博物馆是专题性布展，观众可以借此获致太平天国史知识。因此，无必要重复展示太平天国史的场景和图片，而应重新思考和研拟替代布展方

改陈后的天王府史料展厅

案，俾可消除观众厌倦心理，增进展区吸引力和感召力。

鉴于上述缺失，笔者对天王府展区未来布展思路提出四点建言：

①整合天王府展区的建筑资源，改变以往将天王府和附属建筑相互分离的设计思路，新的展览布局应进行一体化的研讨和设计。建议以天王府金龙殿为主体，其他建筑布展为支撑，构建天王府遗址和洪秀全活动之间紧密关联与互动的布展格局。

②金龙殿场景进行保护性维修和改造，增强真实性和观赏性，继续成为博物馆的主要景观和旅游亮点

③拆除天王府外附属建筑的太平天国史布展板块，对天王府内（除金龙殿）和外部建筑空间的布展进行通盘考量和设计，建议围绕洪秀全的日常活动加以思考和研讨，形成以金龙殿为主体的功能化、系列化和一体化的展览布局。

④洪秀全是太平天国政治和宗教领袖，也是太平军的最高统帅，又是深受儒学教化的君主，其日常生活具有多面性和变异性。建议按功能设计展室，初步设想：仪式化政治

改陈后的天王府展览序厅

活动（金龙殿）；个人宗教活动（礼拜堂），读书、著述、批阅奏章、撰写诏旨、修订圣经等（天王书房）；接见高级官员、将帅及亲信（类似养心殿），举行小型高级会议（会议室）；教诲幼主及王子（幼主书房）、后宫生活（嫔妃住房）等，可以将府内外建筑统筹安排和设计，比较全面、系统和真实地重建洪秀全日常活动的历史场景，彰显天王府遗址的特色。

三 改陈要突出遗址性，加强学术性

本着专家"删繁就简史料展，标新立异遗址馆"的指导，2010年5月，我们对"洪展"外围部分进行了调整。所谓"删繁就简"，就是将杂乱无章的图片史料撤下，突出与主题密切相关的信息。"全景模型"展厅的面积并不大，只有长8.2米×宽7.4米，计60.68平方米。调整前，墙面上布置了大大小小十多幅天王府建筑石构件的照片，主观上是想用以配合展厅正中的"全景模型"，却没考虑到，这些石构件实物仍然保存完好，就陈设在洪展的东边，在视线和内容上造成"撞车"；同时图片太多，反而让观众看后没有印像。调整后，围绕

英国人呤唎书中的礼拜堂（插图）

全景模型，我们陈列了一尊洪秀全的坐像，一面彩塑"宝贝龙"展品和"大兴土木"、"湘军劫掠"两幅线描图，顿时变得主题明确、视觉明朗。尽管彩塑"宝贝龙"实物现在保存完好，但它位于西花园夕佳楼上的转角处，不注意根本无法看见；楼上也不对外开放，观众无法接近它。复制的"宝贝龙"展品已成为观众留影拍照的喜爱之处。

所谓"标新立异"，就是将遗址历史上曾发生过或是存在过，但现在人们并不了解的事物，重新发掘出来介绍给大家；遗址具有唯一性，展陈就是要把这与众不同的"异"立出来。原先"洪展"走廊上，相隔10多米远，就陈设了三个洪秀全的玻璃钢像：一个洪秀全的立像、一个洪秀全的半身像和一个超大幅的"天国群英"浮雕。这种做法不具遗址性，既煞风景又妨碍游客行走，曾发生过游客在此摔倒的情况。我们将三个玻璃钢像调整到适当的位置。如，半身像就放置在全景模型厅中。

遗址展陈中最忌讳的就是，实物仍在（不论建筑还是物品）却又同时展出一个复制品。太平天国的"枢密室"即是西花园中的"漪澜阁"，说明牌写得清清楚楚，游客也可以参观，因此场景复原中的

"枢密室"纯属多余。太平天国运动有着浓厚的宗教色彩，史料记载天王府金龙殿前有"基督殿"，我们不妨将"枢密室"改为"基督殿"。

史料记载：洪秀全每七日举行一次礼拜。礼拜前一天在基督殿插黄旗，"上书明日天父下凡，各宣恭敬。"基督殿还预报天气，提前三日挂牌。英国人吟唎所著的《太平天国革命亲历记》一书中，有多幅彩图，其中一幅礼拜堂的场景：中间值日人员身着蓝色长袍，手拿圆号、喇叭、拨钗和纸张；香案上有火烛贡品，墙上绿色的围幔，各种字迹可辨；天花上的吊灯有宫灯式，也有圆球型；周围大人小孩端坐一堂。"基督殿"无论在位置上还是内容上，在展陈中都具操作性。

金龙殿是"洪展"的亮点，但现在大殿两面墙上布置的山水图画却与记载不符。史载金龙殿四壁绘龙、虎、狮、象，威猛庄严，是可以制作陈列的。而天王的宝座和当时的一些实物，现存四川大邑县（民国时期刘文彩得之，建国后国家文物局曾让南京市文物局出资5000元取回，因为当时没有这笔经费而没实现），可以按实物高仿制作陈列。特别是要将太天平国的《天朝田亩制度》、《天条书》、《三字经》、《幼学诗》、《后宫十该打》、《资政新篇》和宗教隐语等陈列表现出来，加强展陈的学术性。

民国政要手迹书札特展背后的故事

2008年10月25日上午10时整，由南京中国近代史遗址博物馆、台北中华粥会共同主办的"纸砚中的和谐心——民国政要手迹书札特展"在总统府礼堂隆重开幕！一场准备了半年之久的盛事终于呈现在世人的面前。置身如潮的观众，我忽然觉得，做为筹展的参与者，应该把这次两岸文化交流、和谐共进的过程告诉大家！

一　行政院旧址　陆会长忽发奇想

我曾对台北中华粥会会长陆炳文先生说："就像一次不经意的邂逅，演绎了一场美丽的爱情；一次平常的公务接待，成就了这次意义重大而又深远的盛事。"陆会长同感："把民国政要的手迹和书札放在南京总统府，如同女儿嫁了好人家！"2008年4月24日下午，我负责迎接一批来自台湾的客人。从事先传来的"行程单"上得知，来宾一行11人是台北中华粥会的会员：经杭州而来，在南京停留半天，次日上午赴常州。

车门开处，率先下来一位60多岁的男子，气质儒雅，金边眼镜、发型、着装都很台湾。他自我介绍："陆炳文，人陆的陆……。"我记起1949年的这一天，中国人民解放军占领南京，而60年后，总统府却成为台湾朋友赴大陆旅游观光的首选之地。在我引导下，众人参观了孙中山临时大总统办公室。一幅手书"博爱"，让众人注目良久。陆会长说：粥会乃1924年于右任、吴稚晖等人在上海发起的"文化人士之雅集"，"以粥会友""以文会友"。现在台北粥会还珍藏着孙中山赠陆丹林的"博爱"真迹。（已经总统府展出）

总统府春光明媚、景物宜人。关帝庙里的"总统府茶"清新芬芳，周围墙上的诗词书画，引得粥会一行浅吟低唱，气氛渐入佳境！堂前陈设有文房四宝，84岁的粥会倪汝霖先生挥毫画了一幅梅花"圈点大汉魂"，陆会长手书"茶粥一味"，应二波先生也即兴挥毫。

台北粥会倪汝霖先生在总统府关帝庙内作梅花图

当晚，馆长尤伟华、行政事务部部长夏继超和我，在总统府内宴请粥会一行，并赠送"总统府茶"。宾主双方相谈甚欢、相见恨晚。陆会长临时决定向我馆捐赠民国文献资料。宴后我随陆会长前往粥会一行入住的秦都大酒店，在大堂茶座就可能进行的合作事宜又相谈良

久。不知不觉夜深12时，我接过所赠："欢送蒋总司令北伐"、"蒋
介石夫妇与于右任"和"吴敬恒向蒋介石赠送中华民国宪法"三张
民国老照片，起身告辞。

陆炳文会长在讲述有关史料

　　次日一大早我再接陆会长来总统府。尤馆长和陆会长在拜会厅进
行了简短的老照片捐赠仪式。回想起来，除了我馆的诚意和对捐赠仪
式的郑重，正是这次偶然从"行政院"北门的进入，陆会长触生了一
个想法：2008年10月国民政府行政院建楼80年之际，在行政院旧址举
办"国民政府行政院历任院长书法特展"。尽管捐赠仪式之后，陆会
长即行离去，但双方都知道，"爱情"的种子一旦在心里发了芽，就
再也挡不住！

　　陆会长回台后，即着手组织展品。但是事情并非最初想像的那样
简单：国民政府行政院历任院长的书法难以集齐。我即提出改办"民
国政要手迹书札特展"。这样展品涉面较宽相对好办，得到陆会长的
赞同。数日后陆会长寄来了已组织到的200多件手迹书札的文字目录。

　　展览研究部即向尤馆长和上级组织提交了举办"特展"的请示报
告，不久得到原则上同意的批复。此后我部与陆会长信函往来、电话
不断（陆会长不会电脑），在特展的时间、地点、规模、展场、来宾

以及相关费用等方面进行了细致的协商。陆会长在展名前加了副标，于是有了"纸砚中的和谐心——民国政要手迹书札特展"。我部也拟就了邀请公函：特展开幕日期定于10月25日。

正当各项工作顺利进行之时，传来四川地震的消息。一切以抗震救灾为重！我馆积极捐款支援四川震区。陆会长也从台湾打来关切的电话，并亲赴北京参加"伸出博爱之手——抗震救灾民革在行动公益笔会"。

6月8日，陆会长因参加"全球汉诗大会"，再来南京。这天是星期日，我约了叶永坚副部长及崔东进一起，到陆入住的华江饭店，将本要寄至台湾的邀请公函亲交其手。此次商定陆会长将手迹书札的影印件或电子文档，标上尺寸大小，尽早寄给我馆，以便制作展具。令人兴奋的是，陆会长表示，回台后将请在大陆家喻户晓的余光中先生来总统府参加特展开幕式并作学术报告。（虽然后来余光中先生因时间安排上不能在开幕式时莅临，却提前在10月7日重阳节这天晚上，在总统府度过了美妙的80华诞，另文再述）

在总统府漪澜阁为余光中老贺80寿

陆会长再次向我馆捐赠了谭延闿手书"观道"、居正手书"墨香"、沈伊默手书"书痴"三块木质匾额，和高仿宋美龄作绢本画四幅。因前次陆会长获赠的我馆限量版仿制孙中山怀表在台湾朋友中大受欢迎，我便又向陆赠送了怀表。

二　福州之约　粥会尽倾家珍墨宝

夏季来临，气温升高。全国人民如火如荼迎奥运。陆会长的热情更高。一日打来长途电话，开口便是："刘部长，我是炳文！"浓浓的闽台口音，连"陆"字也省略了，让人听起来倍感亲切！陆会长说已请海基会董事长江丙坤为特展题词："和合笔墨珍迹现，谐倡两岸中华情"。所有展品的彩色复印件及电子稿也已准备完毕。因分量较重，寄运或恐不便。而近日将率"台北文艺青年夏令营"赴福建交流，或可将资料随身带来。

刘彬彬、刘刚、陆炳文在总统府花厅布展

江苏省政协办公厅分管总统府工作的张曹龙副主任正在总统府，闻听此事，当即指示我飞赴福州，接回有关特展的图文资料。7月2日中午我飞抵福州。一下飞机，骄阳似火，热浪扑面，福州比南京气温要高得多。下午6时接到陆会长电话：已达福州，晚上福建省委统战部宴请，预计8时可以和我会面。

我先至陆会长入住的酒店等候。8时整，电梯门开处，陆会长红光满面地准时出现。此时宴请尚没结束。我俩即乘"的士"回到我住宿的福建省政协委员之家。在房间里拉开桌椅，排开手迹书札彩印件、打开手提电脑图档。随着一幅幅一帧帧画面跳出，我俩激动起来：从没见过如此众多、如此珍贵的民国政要手迹信札！除了蒋介石、李宗仁、吴敬恒、雷震、罗家伦、余井塘、杨森、朗静山、王云五、张大千、董作宾、郑彦芬、陈立夫、陶希圣、黄杰、薛岳、冷欣、顾祝同、台静农、胡适、叶公超、梁寒操、李石曾、钮永键、翁文灏、孔德成等人的手迹外，更有与总统府有过直接关系的王世杰、陈其采、张群、张默君、周至柔、唐纵、邱昌渭、庞松舟、于斌等人的信札。有的字迹整齐端庄、有的随手涂画，共有383件之多，其中有一件为60多页（已全部经总统府展出）。有些不但大陆难得一见，就是在台湾也从没有面世过，如刘延涛与于右任交往的一批字画，一直存封在台北银行的保险柜里，因为这次要在总统府展览，其女刘彬彬偶然得以发现。有一封蒋介石亲笔为祝吴敬恒80寿时所写，内容竟似托孤蒋纬国之意，落款处带同蒋经国一起自称"晚生"。还有蒋介石、李宗仁先后特聘吴治普为总统府国策顾问的两封"总统聘书"，并配有完好的信封。更绝妙的是吴治普的"总统府职员证"、"国民党党费证"也保存完好，上面清楚地写着"总统府会计长"，"江苏武进"（此四件已在特展开幕式上捐赠我馆）。而从另一件吴敬恒手书信札上可知，吴治普早年参加同盟会，在家乡雪堰桥组织义军，响应武昌起事，随军攻打南京；更可贵的是，此信中还提到了孙中山在总统府内就任临时大总统时的位置……凡此此种，对研究民国历史、总统府历史提供了极好的资料！

陆会长说："此次特展如能在总统府举办成功，也不辱没我做为本会第六任会长了；想不到我在退休之后，还能为海峡两岸文化交流、和谐共生尽微薄之力！"我亦是使命感油然而生，踌躇满志！说到动情之时，陆会长一不小心碰翻了茶杯。我让服务生送来矿泉水，但再次让陆会长碰翻在地（绝对真实）！

次日我飞回南京，看着弦窗外美丽的云海，不禁哑然失笑：要是在以前，此次福州之行就有和台湾特务接头之嫌;而如今，改革开放30年，我有幸为祖国统一大业作贡献!

三 总统府礼堂 开幕式演绎完美时刻

海峡两岸暖风频吹。南京和北京、上海、厦门、广州一同，成为大陆首发直航台湾的城市。7月4日，我部叶永坚副部长做为两岸首发直航团成员之一，飞往台湾观光旅游，并在台北与陆会长会晤。陆会长等人只等佳期一到，便携带展品由台北直飞南京!

陆炳文（左）和作者在总统府礼堂开幕式现场

正当我们为"特展"做着各种准备时，美国国会通过了向台湾出售军火的议案，我国政府对此提出强烈抗议! 一时间各方关系微妙起来。有消息说，海峡两岸的出入境检查将严格起来，已有类似禁入禁出事情发生!

10月的南京忽冷忽热，让人不知如何穿衣! 眼看展期将至，我心中却没了底：如果按计划，展板展柜要提前付款租借；镜框配件要预先下料订做；请柬广告要三校印制寄发；安保要本案预案全部做好；

来宾酒店食宿要及早预订；领导首长要先期具文请示；新闻媒体要提前沟通。另有剪彩、横幅、鲜花、签到、礼品等等许多工作都要进行起来。可是，万一海关……

开弓没有回头的箭！做，一切按计划进行。

10月19日晚，华灯初上。我和叶副部长带一辆面包车，前往禄口机场迎接陆会长一行。航班号是MU0768。19时15分班机提前5分钟抵达。国际航班出口的旅客并不多，三三两两走了出来，最后连机长和空姐也皮鞋"达达"地掠过了大理石地面，望眼欲穿，却不见陆会长的人影。我和叶副部长面面相觑。

"来了！"陆炳文、刘彬彬和黄议震来宁办展三人组终于出现在视线里。他们带了七八只装满了"展品"的大箱子，像一支驼队缓缓地从沙漠深处走来。我和叶副部长会心地一笑。刚松了一口气，却又收住了肌肉：只见出口处的安检人员，打开了一只箱子。正当我俩把心提到嗓子眼时，陆会长却合上箱子笑眯眯地走了出来。

接下来的布展工作犹如水银泻地，一气呵成！我部9人：我、叶永坚、崔东进、陈宁骏、熊鹍、曹翔、管春雷、曹波、陈承，个个铆足了劲，分工合作，有条不紊，很快把展品交接、分类、装展完成。

10月25日是个好日子：台湾光复节。总统府礼堂布满鲜花，喜

陆炳文会长在开幕式
上脱稿演讲

气洋洋；领导齐集，嘉宾如云。忽然发现将要颁发给陆会长的"名誉馆员聘书"落在了办公室里，惊出一身冷汗，赶紧打手机电话让人送来。10时整，开幕式正式开始，我用任志宏的声调主持了开幕式（以前多仿赵忠祥）。尤馆长向陆会长颁发了"名誉馆员聘书"。陆会长则用准普通话，发表了引经据典而又充满激情的致词，赢得满场喝彩。开幕式结束后陆会长对我说："刘部长，今天早上你可是吓了我一跳：明明昨天是你要求我着正装的，可今天早上你自己却穿着便服来，我真以为你要我做李宗仁呢。后来看见你在办公室里换上了西服才放下心来！"

我放声大笑："陆伯伯，你又开始让我喝粥了！"

总统府政务局楼布展日记

2009年2月22日　周日　阴雨

三国归晋。基保部报，说在政务局楼地板下发现了清朝的石柱础。先前"总统府文物史料陈列"是否拆除重做，一直存在分歧和争论。想不到却因东南大学建筑专家一纸鉴定：楼龄80年、建筑老化，需整体大修，前几日去现场看时，楼内已拆除一空、地板揭开挖地三

政务局楼"总统府文物史料陈列"展览开幕式

尺、脚手架围了一圈。展览自是要重做。

下午2点，行政院部长会议室召开"总统府文物史料陈列（复展）方案专家论证会"第二次会议。崔之清、胡阿祥、倪明、王伟民、王志高等专家出席。刘小宁副馆长、我、叶永坚副部长、陈宁骏到会，曹波记录。

刘小宁主持，我将布展题纲做了介绍，百会公司祝嵘用投影仪将有关设计作了演示。

崔提出：总统府内关于孙中山已有专展，新筹"史料陈列"可从1927年国民政府定都南京说起。胡提出：走进总统府，让人感觉有无数的展览，看了一个又一个，但是看完后却没有留下印象。展览的文字说明要简练，假如一张图片的说明是100字，100张图片说明便是1万字，所有的展览看下来，就如看了一部长篇小说，效果必定不好。

3月23日　周一　阴　降温

今有南京阿波罗演艺广场董事长丁金顺（40多岁）和儿子一同来我馆，无偿捐赠日本指挥刀和中正剑等文物，品相极好。丁是山地自行车运动爱好者、驴友；又爱好收藏刀剑，网名"侠客丁"。此次捐赠虽属突然，其实事出两年之前。

原"总统府文物史料陈列"开展于2000年，曾展出一把"中正剑"。初以为不过是一把类似的小刀做做样子而已，却屡遭观众质疑。经向观众搪塞为"仿制"后，更是激起"刀剑界"的喧然大波。上海网友"黄浦江"发贴，绝不能让总统府以讹示众，表示要追问到底；有新疆"刀友"多次不远万里来电，要卖一把真的中正剑给我们；2008年，"台湾退役将领革命巡礼参访团"在王文燮率领下来我馆参观时，也特意指出这把剑不但不是真的，连"仿制"也谈不上；网上更是非议不休。

丁作为本地收藏名人，对真假之争表示"看不下去了"，"真剑一出，喧噪立止"！此次所捐中正剑中，既有陆军、空军佩用，还有阎锡山的"公道剑"；而所捐日军指挥刀，涵盖了日军侵华时期所有制式：99式、98式、95未端等，北京军博尚缺其中一种。

第一次见识专业收藏者擦拭刀刃：丁口中含张草纸（怕哈气浸湿了锋口），右手握刀柄，左手击右手腕，将刀柄一点点震出……

4月9日　周四　晴

我、叶、祝三人同行来武汉：一是取台胞欧阳一先生从台湾带来的民国资料，欧阳先生已将资料放在武汉他姐姐家中，有9公斤重。二是考察制作文物展柜事，为政务局楼重新布展做准备。

动车13点30分由南京开出，1小时后到达合肥，再2小时到汉阳。车上偶遇百会公司总经理许建春，大有世界太小之感叹。讨论了一下展览提纲，并不觉路遥。

展览提纲日渐细化。政务局楼上下各有8间房间，可分为三个部分。一楼8间仍为"总统府文物史料陈列"。二楼东南一间曾是陈布雷办公室，可做场景复原。文物捐赠展中，居正文物较多，可布置在二楼的西南两间；傅秉常的文物较少，可将紧挨着陈布雷办公室的一间做为展室。二楼北面四间，因没有适合的主题和文物，可考虑布置为休息室或暂时关闭。

展柜制作公司离汉阳火车站不远。展柜外形看上去都差不多，侧开门，双推开。注意了一下细节：柜面拷漆不够细腻，同一展柜内的铰链有色差；开门液压撑不够灵活；现场环境看上去有些零乱。价格也不便宜。

晚饭后我和叶到武昌欧阳先生姐姐家里取了资料。听见敲门声，门马上开了。她60多岁，一人在家，非常热情。我心里很为她担心：两个"陌生人"敲门，你也不怕是"坏人"呀！

4月24日 周五 晴

历史上我国人造卫星发射成功的日子。

早晨7点到达北京站。卧铺内空气不好，醒来嗓子眼堵得慌，昨夜鼾声一定不小。和叶赶到火车站附近的"阳光天堂大酒店"，虽然有预订，却因来得太早，房间还没出来。在大堂坐等。

9点南东涛来车接。南是北京展柜公司的销售总监，去年在沈阳张氏帅府博物馆开会时，由曲馆长介绍认识。南接了我和叶后，又折回车站，捎上从大庆回京的公司同事李凤和。

到故宫、首博等处察看了南公司的产品。目前文物展柜制作基本上是垄断行业，国内只有北京、天津、武汉等几家制作公司。北京梅马赫公司是比利时的技术，天津是韩国技术，只有武汉是国产的。早有耳闻档次稍高一些的展柜更是天价，每沿米少则3万至5万元，多的十几万。首都博物馆曾租用恒温恒湿展柜，一节便是20多万。

下午到南公司。进门电子屏上"欢迎南京中国近代史遗址博物馆领导指导工作"一行红字，虽然是表面文章，却也体现出行业素质。公司有一层楼面，孙总、王董事长等人领着我们观看了各种展柜的开启演示。感觉不错。

孙总痴迷爬山运动，间有属员来请示明天周末去京郊爬山事宜；叶爱好山地越野自行车，两人有共同语言，遂大谈极限运动感受。气氛融和起来，谈判之后，展柜价格可以变通。我们初订6个墙柜、4个独立柜、15个边柜、1个长条柜。根据南方气候环境，提出要具备防湿功能；而展出时门窗大开的政务局楼，光线很好，不需配备高精照明系统，这样便省去了许多费用。

5月12日 周二 晴

四川地震一周年。

政务局楼维修已竣工，基保部将门钥匙交给我部。维修后的楼体

正在布展的陈布雷办公室。右一为南京博物院副馆长黄鲁闽先生、左二为南博保管部主任凌青

拆除了许多后加物件，显现出民国建筑特有的风格和美感。

民国建筑本身就是最大的文物，门窗、扶手、线条等要尽可能的原汁原味。布展要做到画龙点睛、锦上添花。理念太重要了。10年前办展，我们只须将总统府里的故事写在展板上，再配上几张图片，观众们就会感到心满意足、不虚此行。如今，人们身处信息社会、眼界宽广、独立意识增强，展览不下真功夫是没有人看的。

"民国政要文物捐赠展"问题不大，只要订制到展柜就可以布展。陈布雷办公室也好办，注意规格上不要超过子超楼蒋介石的办公室，电视剧《潜伏》中"吴站长"的办公室可以做为参考。难的是一楼的史料陈列。

让陈宁骏与冠迪公司联系了一下，把"孙中山奉安大典图片展"布置在政务局一楼墙面上，做个过渡。政务局楼位于中轴线上，是观众的必经之路，在史料展复展之前三个月内，把门锁上是不适合的。

楼上楼下走了几遍，觉得脚步在地板上发出的共鸣声较大，要做处理。

6月9日　周二　大雨　闷热

高考。儿子一大早自己跑了，他今天考历史、政治。

领导要求展览在十一国庆节前必须做好。因为没有把握心中焦虑。

一楼的史料展，要避免做成近代史展，也不能是民国史的铺陈，而是要紧扣总统府本身。这只有靠平时的积累了。与二楼各个展厅自成一章不同，一楼的8个展厅互相之间要有逻辑关系，整体的平衡、头尾的呼应、重点的出彩等等。

除了撰写各个展厅的章节内容、一级标、二级标和图片说明外，考虑在第三厅做一个国民政府的全景沙盘；在与之对称的第六厅，制作当选正、副总统后，在总统府休息室会谈的蒋、李夫妇等人的硅胶像。祝嵘提出用最新的丝网印刷技术制作展板；而序厅和尾厅的设计能否出彩尤其重要，我自思功力不够，要依仗祝嵘和他的团队了。通常布展效果是在完成之后才能看到的，事前必须有准确的三维、色彩概念。我担心他的拿捏不够准确，他却着急我下周能否给出定稿；我担心的是"空间"，他着急的是"时间"。

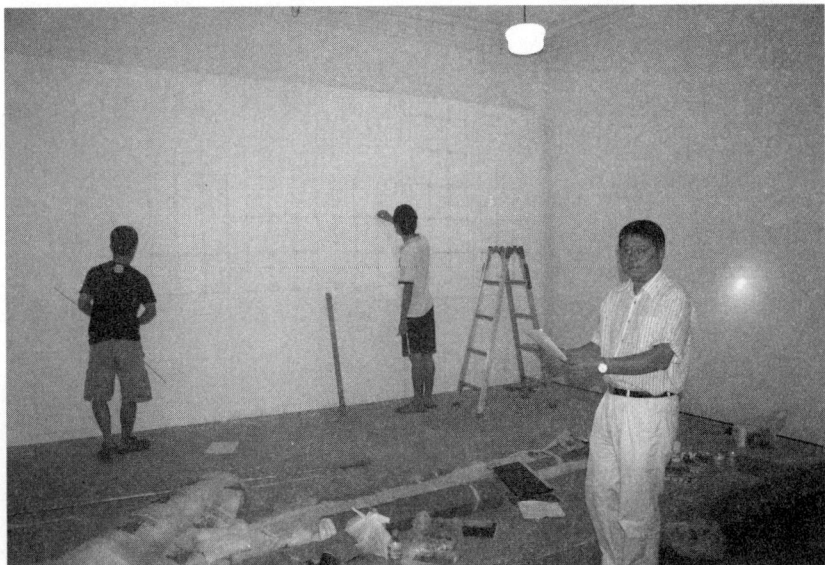

政务局楼布展中

英文翻译是布展的瓶颈。我馆讲解班新招了一批女大学生、研究生，个个都是身高1.68米以上、青春靓丽。不知她们之中有无可用之才。下午在走廊里迎面遇姑娘们来开会，顿时有一种淹没在桃花江里的感觉！

7月11—12日　周六-周日　闷热

一周前从北京运来第一批展柜。集装箱货车白天不让进市区，晚上10点以后才解禁。那天特大暴雨，水淹全城，交通中断。我在江北珍珠泉参加全省政协系统处级干部培训班，无法赶回。叶部长和曹波冒雨盯了一夜。第二批展柜今晚进场，我带曹波、孙治中坚持到12日凌晨5点。

今天一大早到现场，就看见南东涛在督促工人出活。南也不容易，他用京腔对我说：油（刘）老师，我出来10多天了，带着工人们住在小旅馆里，实在是烦透了。本以为这单活干完就可以回北京了，却又接到公司通知，让这边结束后，即赶往无锡负责另一单活。昨天差点儿不对您打招呼就回北京了，想好了半路上向您"油老师"电话说一下得了。后来因没买着票没走成。

夜12点，挂着河北牌照的集装箱货车，隆隆地开进总统府。我和曹波、小孙分站大堂、二堂、政务局楼三处，提防搬运工人撞坏古

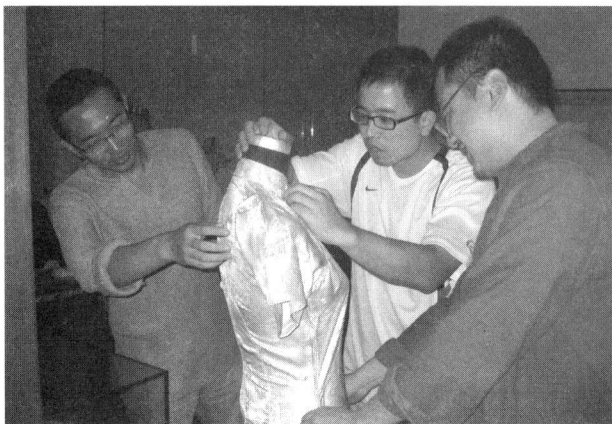

展研部同仁在布置文物

建、乱丢烟头。南表现出较强的组织能力和细致作风。他事先已预订好了铲车和搬家公司，不停地前后走动吆喝。10多个搬运工人个个光着脊梁，特别是在狭窄的楼梯上，把重达千斤的钢板展柜向上顶时，看上去真是一幅动人心魄的油画！

凌晨5时，终于全部完成。南不忘找来车辆，把堆积如山的包装盒泡沫等垃圾运走。尽管我和曹波、小孙全身汗透、蚊虫叮咬、又睏又饿，但当我们最后一间房一间房地查看、关灯、锁门时，心中却是充满了甜蜜和成就感！

8月4日 周二 闷热

加紧完善文案内容。总统府是民国中央政权机构，要表现出它的国家政权至高性。库存有几组从台湾秦风等人手中征集到的民国时期徽章、委任状，加上总统府外交活动时的老照片，我打算将之布置在第7展厅。初步设计为"外交往来、典礼仪程"。可是转念一想，整个展览都是"纵线"叙述，如果仅这里"横向"表达，便与前后不承接了。一时间思维停涩。

在天津3526创意工场尔保瑞（左一）工作室察看为政务局楼展览制作的蒋、宋、李、郭等人蜡像泥稿

"江郎才尽"、"黔驴技穷"，靠在沙发上竟然睡着了。一觉醒来，我向叶大笑不止：清楚地记得梦中得句："沧桑国府　金陵一梦"。于是8个展厅分别是：1.序厅；2."奠都南京　军人干政"；3."设立五院　施行训政"；4."安内攘外　沦陷之辱"；5."还都改制　竞选总统"；6.场景复原；7."沧桑国府　金陵一梦"；8.尾厅。

与新建展馆有较大的空间不同，政务局楼原是办公室，又是文物，结构不能更改。在这种情况下，过多的创意都是累赘；而一般的做法又显得不作为：度！

下午祝嵘来，交出了精彩的序、尾厅设计彩图。

序厅：在一整面墙上凸出6根立柱，分别是总统府历任主官像：孙中山、谭延闿、蒋介石、林森、汪精卫、李宗仁。立柱前为一池白石子。池正中是一块大石头，石头上是大事年表。白池角落里，丢一只清朝红顶夏帽。6根立柱既简洁大气又富有变化。一池白石子除了营造进深感，还与黑调图片、红顶子一起，构成视觉上的冲击。

尾厅：在一整面墙上，将"中华民国总统、副总统就职摄影"老照片，制成真人同等比例。此照片以目前最先进的丝网印刷技术制作，高度清晰，191位民国政要毫发毕现，是为一绝。照片前面的信息栏杆上有同图多媒体触摸屏，点击人像即有该人物的相关介绍跳出。不但具有知识性、趣味性，还有隔挡观众擅入的功能。

9月21日　周一　雨

紧张布展中。整天泡在工地上，两只脚都站麻木了。

开幕式定于28日上午10时准时开始。倒计时还有最后7天的时间。除了在二楼北边四间房内，将李士珍后人从西雅图捐赠来的417张民国警政照片装框布展外，政务局楼内还看不出什么样子。

上午9点部长会议，我和叶提前离开。带着基保部的张明喜、我

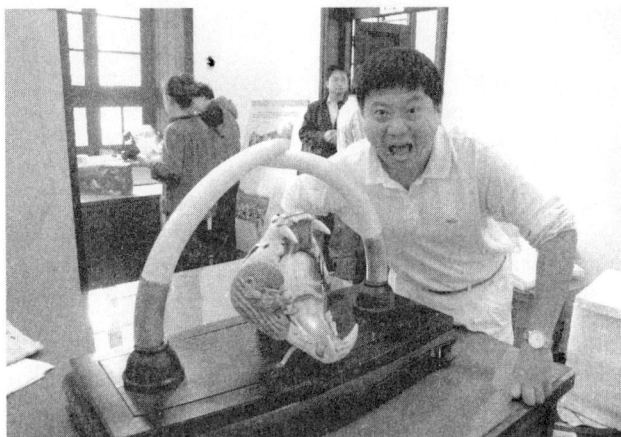

对着虎头骨双象牙摆件作势

部新来的研究生张英娇，乘281号面包车前往南京博物院提取文物。南博的支持，使展览在实物上跃上一个新台阶，同时也开拓了两馆之间的强强联合。南博黄院长、保管部凌主任给予了重要的业务指导。此次从南博借取的6件民国文物是：铜镶红珊瑚绿宝石水晶千手观音、红木底座虎头骨刻蒋介石名字双象牙摆件、全象牙制寺院宝塔、银丝线镶宝石框尼泊尔国王油画像、尼泊尔丝织国服一套、日制织绣双雉屏风。全为当年国民政府所藏。

　　下午，我部全体行动，将居正文物、傅秉常文物、上海郭借的

傅秉常之子傅仲熊（中）向我馆捐赠文物

文物、厦门洪借的文物等等，从行政院楼库房运送到政务局楼现场。一行人蚁队蛇行，穿过景色优美的复园。天上下起小雨，雨滴落在池中，想起苏小明的歌词："幸福不是毛毛雨，哦，不会自已从天上掉下来！"

我们已做了所能做的，接下来的进程我无法撑控。外协加工制作虽然已经按排下去，但时间紧迫，每个环节不能出一点差错。我祈祷：工厂机器千万不要出故障；运输途中千万不要出问题……

9 月 25 日　周五　晴

"到吴起镇！"

谢天谢地！外加工展板终于在前天夜里由杭州运达。展览像素描画一样，渐渐地轮廓出来了、层次分明了、细节清晰了。我亲手把程思远题写的、在扬州新做的《总统府文物史料陈列》牌匾挂在了门前。

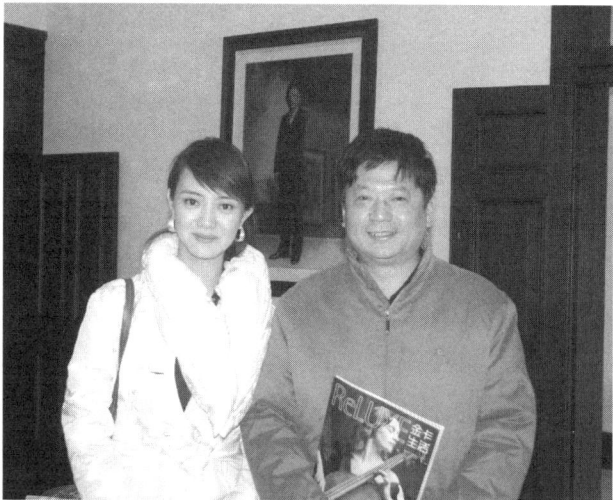

居正后人居文沛（左）在居正文物捐赠展厅

从明天开始，参加开幕式的外地嘉宾陆续到宁。下午开了部务会，叶部长已将明天接站的航班、车次制表，落实到人，人手一份。又交待了开幕式、来宾活动等事项。叶部长的公文写得好在总统府是有名的，堪称是我馆的"陈布雷"。

初考虑陈宁骏是"老"同志，对接待情况比较熟悉，便让陈去接明天上午8点的飞机，以便最先到达的客人能顺利入住山水大酒店。可是又想到夜11点有居正后人需到机场迎接，便又将陈换到晚上。真有"蜀中无大将"感觉！

晚上我部全体人员：我、叶永坚、陈宁骏、管春雷、曹波、孙志中、陈宜、张英娇齐集政务局楼，为展览做最后的完善。新来的研究生陈宜干活时积极主动，常常第一个钻进闷热的展柜里，调整展品和说明牌；张英娇的八级英语派上了用场，为展览说明做了许多翻译。

一弯新月挂在古建的飞檐翘角上，阵阵桂香飘来。再过几天就是60周年国庆和中秋节了，不禁心潮膨湃。或许是满怀胜利的喜悦，或许是刻意要做"史上最浪漫的展研部长"，我请讲解班的小廖、南艺毕业高材生，在政务局走廊上为我们现场演奏了充满韵味的古筝。

李商隐：锦瑟无端五十弦　一弦一柱思华年

2009年9月26日布展加班夜，古筝现场演奏鼓舞士气

宋美龄与国民革命军遗族学校
文物捐赠展

2010年9月1日上午，"宋美龄与国民革命军遗族学校"文物捐赠展在总统府隆重开幕，这是一次意义超越内容的展览，值得总结和发扬。

一 以情感为纽带，实现内地和海外的合作

早在2009年9月28日，总统府举行"民国政要文物捐赠展"揭幕式时，人群中走来一位老者，精神饱满、面色红润，自我介绍叫杨荣庆，是原国民革命军遗族学校前期的学生。细问之后得知，杨老受遗族学校北美同学会会长向厚禄之托，来我馆捐赠遗校校旗、历史照片，以及为遗校校董宋美龄106岁祝寿的团旗、寿披，宋美龄游美纪念册。此前，向会长曾向我馆捐赠文献资料，但在航空邮寄过程中不幸丢失。这次，他买了往返机票，请一位中国留美学生专程将文物史料送到南京的校友、90岁高龄的杨老家中。杨老又冒着酷暑亲来总统府，转达了遗校北美同学会与我馆合作办展的意愿。杨老此行，开启

90岁的杨荣庆老人（右二）代表北美遗族学校向我馆捐赠宋美龄106岁时的寿披

了双方合作的行程，是为日后成功开展的首功！

向厚禄，遗校最早出国留学发展的学生之一，现为纽约著名的心脏外科医生。1937年，其父向龙弃医从军，投身抗战，牺牲在无锡，尸首无归。当时向才5岁，在他的记忆中，父亲的相貌只是从前线捎回的一枚胸章。所幸向龙临上前线时，曾领着一家三口拍了一张合影，此照现仍留存，成为向厚禄追思父亲的依托。20世纪90年代，向首次回国，乘坐列车时，对列车员讲述了父亲抗日牺牲的往事。猛然听见播报到站无锡，向即下车在站台长跪不起，以致惊慌的列车员找到他时，也一起跪在站台上，泪湿衣襟！

遗族学校是近代史上对烈士遗孤抚育、培养的一个创举，世界各国尚没有这样的理念和做法。宋美龄每周三次到遗校看望同学们，有时就留宿校内，半夜巡更为同学们盖被子。向厚禄等人在遗校中既得到教育，又重拾温暖，度过人生最美好的青少年时期，自是视遗校为家，以常务校董宋美龄为"妈妈"！特别是后来宋美龄赴美定居后，向厚禄等遗校学生，围绕在宋的身边，陪伴宋走完人生的最后一程。如今向会长也是快80岁的老人了，思乡之情愈浓，报恩之心愈炽，能在总统府办展览，聊以慰藉、报恩先人，自是一日不能等待！

总统府"天下为公"大堂游人如织

心脏外科医生的职业，养成了细致的工作作风。在近一年的沟通、筹展期间，为了不影响我休息，向会长每次打电话来商量事情，总是选择在北京时间中午12时左右，而纽约却是夜深之时。激动的声音从大洋彼岸传来，我仿佛看见一位长者，为了筹展无法入眠，身着睡衣在客厅里来回走动的身影！

我馆为近代史遗址馆，举办这样的展览是最适合不过的事情了。我们将展名拟为"宋美龄与国民革命军遗族学校"。与海外联合办展，虽然不是第一次，毕竟涉及政要密档、规章制度，事关重大。经向办公厅行文请示，很快得到批准！

二 以遗址为依托，演绎历史和现实的交替

遗族学校位于南京卫岗，距总统府不远。1929年2月开工建设，9月落成，宋美龄为常务校董。1930年冬，另设遗族女校，抗战期间停办。1945年，抗战胜利还都南京，宋美龄积极恢复遗族学校，1946年

秋正式开学，学校只招男生，不招女生，只办初、高中，不办小学。
1949年初，学校先后迁往杭州、南昌、广州，最后300多名学生到达
台北，1953年，送走最后一批学生。

遗校校门为传统楼牌式，正面是由行政院院长谭延闿书写的"国
民革命军遗族学校"，背面则是蒋介石亲笔题写的"亲爱精诚"四个
大字。目前，一度被毁坏的谭字已得到恢复。而遗校的大礼堂、教
室、学生宿舍、教职员宿舍、乳牛房、办公室等场所大都保留。

遗族学校的学生后来分布世界各地，许多人在各自领域里获得卓
越成就，但对南京的记忆却无法忘却。向会长记得有一次宋美龄来看
望大家，同学们一拥而上围着宋乘坐的小汽车。司机耽心才打蜡上光
的汽车会让同学们摸上手印，连忙说不要摸。而宋却要司机熄火、把
住方向盘，任由同学们将车推行。

从美国波斯顿特意来南京参加本次展览开幕式的宋慰平，对当年
的遗校记忆犹新："60张床放在同一间大房子里，住宿59名学生，另
有一张床是教导员的！有一天夜里，宋妈妈发现有一张床是空的，
经查得知，有同学尿湿了被子跑到别人床上睡了！"抗日将领、国民
党中将周复的儿子、来自台湾的周造时说："每到周末，凡是有家长
来接的学生都可以回家。而我们这些外地来的，便偷偷翻墙出去玩、
或者是从牛奶场绕道出去！"

曾经有一次总统府举行庆祝活动，本打算让遗校学生参加，向厚
禄等人也积极排练，但后来考虑到学生们年纪尚幼，最后又取消了。

记忆中的总统府是不可以随便出入的。当向会长在纽约宣布北
美同学会与总统府将于9月合作办展事时，朋友们都睁大了眼睛不敢
相信！此次合作展览，也曾有其他单位想举办，如在卫岗遗校原址，
或在上海、杭州等地选择相应的场所，但最后因我馆在展陈的具体方
法、内容细节、场地环境等方面作了成熟的考虑；更主要的是因为总
统府是民国时期的首脑机关，宋美龄经常出入其间，遗址的不可替代

性，最终决定由我馆举办。

总统府是新旧历史的交汇点。此次展览布置在国民政府时期政务局二楼北向的两个展厅里，从这里向窗外望去，恰好与子超楼蒋介石的办公室相对，民国风貌的建筑很好地烘托了展览的氛围。当向会长等人走进总统府时，一种既陌生又亲切、既恍如隔世又从未离开的感觉油然而生。今天祖国富强、人民当家作主，民国遗址寄托了遗校学生的不老情思，很好地发挥了爱国主义教育作用。

三 以联谊为推手，促进展陈和征集的互动

"宋美龄与国民革命军遗族学校文物捐赠展"开幕式，于2010年9月1日上午正式开始。场面热烈，除了大门外大幅的广告宣传画外，主席台上也树立起高3米、宽5米的展名背板。主席台上的领导和嘉宾有：省八届政协副主席胡序建、省民革副主委殷志强、原省委统战部副部长戴澄东、省政协办公厅副主任张曹龙、省黄埔同学会秘书长赵锡南、市文物局副局长杨新华、中山陵园管理局副局长沈先金、南京中

向厚禄先生在开幕式上发言

国近代史遗址博物馆馆长尤伟华；遗族学校同学会北美分会会长向厚禄，遗校南京校友、暨南大学南京校友会常务副会长杨荣庆，遗校同学会台湾总会前干事周造时，南京奶业集团有限公司董事长蔡敬东。

参加开幕式的来宾还有省炎黄文化研究会副会长周顺生，省近现代史学会副会长孙宅巍，遗校筹委会委员傅焕光之女傅华，来自美国的遗校学生宇业荧、宋慰平，来自上海的学生方佩夫，和数十名南京地区原中国战时儿童保育院学员。

向厚禄发言声情并茂："为了抗战，我们失去了父母，许多人连一声妈妈也没喊过，连一面爸爸也没见过……现在中国强大了，作为烈士的后代，不管身在何处，坚决反对分裂祖国的一切恶劣行径！"动情之处，眼睛湿润，声音哽咽，台下观众也随着一片抽泣。

蔡敬东董事长做为遗校遗址代表发言，周造时向我馆捐赠了宋美龄送给她的签名照和画册，南京中国近代史遗址博物馆馆长尤伟华致答谢词。

此次展陈分两个部分：第一展厅为宋美龄和遗校的历史照片及相关文物资料。其中最引人注目的是向厚禄捐赠的三张照片：一家三口

抗日烈士周复之子周造时（前排左）向南京中国近代史遗址博物馆捐赠文物

合影照片；父亲牺牲后，5岁的向厚禄身着小军装练习武术的照片；进保育院时少年向厚禄和母亲的合影照片。面对当年的小娃娃、现在已是78岁的老先生，众多记者以照片为背景，进行了现场采访，各家报纸和电台、电视台都将这一场景作了重点报道。

第二展厅为赴美定居后的宋美龄和遗校北美同学会同学们的彩色照片，及在美国的相关物品、文物资料。有向厚禄遗族学校初中毕业证书；有宋美龄给向的亲笔鼓励信；有遗校唯一台湾籍学生、世界著名环保专家刘一飞赠送的著作；有纽约中华公所黄玉振秘书长捐赠的爱国公债原件；有学生曲纯全捐赠的在遗族学校用过的地理教科书和书法对联；有遗校学生出差、校长嘱准予免费乘坐车辆的证明；有前美国国会图书馆中国馆馆长王冀教授捐赠的历史相片；有宋美龄第二次被邀请去美国国会演讲的相关文献资料；有户长栏写着蒋中正名字的遗校同学在台湾的户籍簿；有遗校学生、著名抽像派画家霍刚的作品，等等。

为了增加展陈的变化，除了主线外，我们在两个展室的副线上，各做了一处照片墙。第一展室的为竖式，计有28幅宋美龄老照片。虽

展览现场合影

然不是宋在遗校活动的内容，但大大增加了展览的信息量。第二展室的为横式，计有21幅宋美龄赴美定居后和遗校学生在一起的照片。因为是彩色数码相机拍摄，这些照片将调式略微深沉的历史展览，在视觉上做了提亮。

让我们意外惊喜的是，就在展览开幕前一周，藏友胡剑明为展览提供了数百份当年遗校的单据、凭证等纸质文物，将5只平柜布置得满满当当。其中有遗校历年职工的薪俸册，清楚地写着领薪人的职务、姓名、薪额、应发、实发、盖章；有农场购买罗卜种子、药剂、肥料、燃料、芦柴、煤，及用小驴车由汉中门外运回农场的运力费；有自即日起补入工友两名，附姓名、籍贯、介绍者、服务事项，等等。单据下面都有经手人的签字，印章多为"赵国安"。为研究遗校的日常学习、劳动科目、规模发展、人员变化等提供了极好的一手资料，增加了本次展览的学术研究价值。

国民革命军遗族学校学员相聚总统府

开幕当天下午，在总统府多功能厅举行了"国民革命军遗族学校"专题讲座。向厚禄、周造时、杨荣庆和儿保院的老人们，纷纷上

金山寺上忆往昔

台演讲和演唱儿保院院歌，济济一堂。稍后，在总统府部长会议室，又进行了遗校校友品茗坐谈会，畅怀叙旧。

焦山是当年宋美龄游历过的地方。次日我馆组织部分来宾游览镇江。向会长把这次活动全部拍摄下来，带回美国转告亲友；周造时不胜感慨，决定近期就将家中珍藏的大风堂张善子画的老虎，和他父母为了纪念结婚10周年制作的银质照片等文物捐赠我馆。儿保院的汪先生也郑重表示了要向我馆捐赠文物和合作办展的意向。

国民政府抗日外交九烈士图片史料展

　　临展虽然相对简单，但并不容易，有着各种因素，想取得成功，也要在选题、时机、安排、操作等方面做好细致的工作。

　　2012年4月16日上午，"国民政府抗日外交九烈士图片史料展"（以下简称"九烈士展"）在总统府二堂东偏房开幕。南京市文物局、《现代快报》、南京市雨花台区文化局和我馆共同主办了这次展览。开幕式上主办单位的领导、负责同志和烈士朱少屏的长孙朱正心作了发言。展览受到广泛关注，观众如云，反响强烈。

一　三年前的一个电话约定了"九烈士展"

　　2010年的一天，我忽然接到从美国德州打来的电话，对方声音低弱、话语断断续续，但却充满执著和情感。她自我介绍是抗战时期国民政府驻马尼拉使馆主事卢秉枢烈士的女儿卢美纯，听朋友说总统府里展览中有九烈士的内容，但只是提到九烈士的名字，而没有将照片展出。她想来看看。我表示欢迎，但在脑海里将所有展览"扫描"过

卢美纯夫妇在我办公室

后，却没有关于九烈士的内容，或许是她的信息有误？

几个月后，卢美纯女士和丈夫理查德先生来到我的办公室：总统府内国民政府行政院旧址二楼。卢女士时年70岁，满头银发，身体单薄。理查德身材高大，意大利人，特意穿了一件蓝色的唐装。我向卢女士表示歉意，因为"您听说的情况，可能在去年政务局楼改陈总统府文物史料陈列时被撤换了。"卢女士向我提供了部分文字资料和图片，其中包括1938年卢秉枢烈士和妻子邱天佑的结婚照、卢女士和理查德的婚纱照等。我表示在以后的展览中，会在适当的部分把九烈士的内容加进去：不仅仅是写上名字，而且要把九烈士的照片展示出来。

行政院楼位于总统府后部，是游客游览的"冷区"，北楼一楼是10年前开放的国民政府"五院史料展"，因为是封闭式展陈，潮湿昏暗，我们正打算将其改陈为更有遗址性的"行政院文物史料展"。卢女士夫妇走后，有一天我路过一楼，进去看了一下，却不想在一个角落里看见了展板上九烈士的名字和杨光泩的照片。

国民政府行政院北楼
旧址屋面施工

此事让我好生愧疚：既让远道而来的卢女士失望而归，也是我工作的失误！我在邮件中向卢女士说明了情况、表达了歉意，并表示要为卢秉枢烈士举办图片史料展。卢女士很高兴，发来一篇她写的文章。我们将原文英文翻译成中文后，刊登在《总统府展览研究》2011年第四期上：题为《在我开始弹钢琴的时候》。

文章情感真挚、细腻，叙事简洁、明晰，非常感人：1997年2月26日卢秉枢烈士的夫人邱天佑去世，卢美纯处于悲伤中。在丈夫理查德的开导下，她认识到"父母经过55年的分别，终于在天堂重聚了！"文中还描述了1941年跟随父亲在马尼拉躲避空袭时的惊恐，和8名中国领事在圣地亚哥地牢受尽折磨决不屈服，最后在没有审讯的情况下，被日军执行死刑的情况。

2011年元旦到来之际，我和刘小宁副馆长特意驱车前往菊花台九烈士公墓凭悼。国民政府时期即对九烈士有表彰，新中国成立后，民政部门也颁布了"烈士证书"。菊花台位于南京市雨花台区，紧邻雨花台。或许是南京的历史遗痕太多，知道菊花台的人并不多。此处风景秀美，石阶盘旋而上，林木葱葱；杨光泩、朱少屏、莫介恩、姚竹修、萧东明、杨庆寿、卢秉枢、王恭玮、卓还来九烈士墓扇形一字排开，安静舒适。无论从风水形胜，还是历史意义，完全堪比广州的黄花岗七十二烈士陵园！

二 菊花台清明公祭加快了小展的步伐

我们和卢美纯女士的联系一直在进行中，并与东台梁垛镇卢秉枢故居纪念馆取得了联系。本打算在2012年4月17日卢秉枢烈士的祭日，开幕"卢秉枢烈士图片史料展"，却因图片资料较少不够撑起一个展览、卢女士要在6月中旬回国，遂打算扩展为"九烈士图片史料展"，开幕时间推迟到6月20日前后。

卢美纯女士提供了一个信息，多年前她曾向南京市文物局提供过许多有关资料。文物局副局长杨新华是我好朋友，我打电话向他求援，他当即表示一直想办这个展览，有200多幅有关照片，只是一时找不到了。但是手边现有以前到连云港办展览时留下的旧图版63块，可以给我。"我马上来取！""不，我马上送过来！"下午杨局长就亲自把63块图版送来了。尽管图版不清楚、没有说明、内容也不成章节，但有了这63块图版，办成展览已在掌握之中了！

杨局长提议，菊花台烈士墓在雨花台区属内，展览可请雨花台区文化局共同主办。随即杨局长、我和叶副部长到菊花台九烈士墓地，现场与雨花台区文化局的孙辰局长等同志会面商谈。这天是3月20日。

2012年3月20日，在菊花台祭扫九烈士

2012年4月5日清明节菊花台公祭九烈士活动，将展览开幕时间大大推前。此次公祭是由南京市文物局、雨花台区委、区政府和《现代快报》主持。九烈士的后人数十人、各方代表、中小学生参加了现场活动，仪式、程序一一进行。随之而来的报纸、电台、电视、网络等媒体，将此次活动作了全方位的宣传，特别是《现代快报》，每天辟有专版专文报导此事，持续了一周时间，反响强烈！

除了专访主办单位、烈士后人、各方代表和杨局长等人外，快报记者消息灵通，得知我馆有举办"九烈士展"的计划，遂对我进行了采访，并告诉我一个意外的消息：他们联系上了远在美国的卢美纯女士，卢女士得知南京清明公祭九烈士的消息后，决定排除困难，提前于4月13日飞上海、17日到南京。也就是说原定6月20日开幕的"九烈士展"，将要提前两个月开幕！

此时已是4月10日，这个改变让我陷入两难之中。因为"九烈士展"原订于6月开幕，我们遂与广西师大出版社签订了4月17日共同主办"白崇禧与近代中国"的展览。两个展览一前一后都放在西厢房进行。西厢房紧挨"天下为公"大堂，"市口"好，参观人多，影响

在总统府大堂接待白先勇先生(中)

大；且面积大小适中，尤其适合布置图片史料展览。广西师大出版社总编辑刘瑞林女士来总统府，选中了此处，并写入合同。西厢房内正中是展标版块，左右各有5块90×180公分的图版，再往两头是墙柜。"九烈士展"因为资料不多，9位烈士各用一块图版介绍，还有一块图版可以灵活处理，不失为可行的状态。

1938年卢秉枢和邱天佑结婚照

如果"九烈士展"按原计划6月开展，卢美纯女士4月回国看不到展览，又失去一次机会；如果4月17日开展，将与"白崇禧展览"在时间上冲突。尽管"白崇禧展览"因广西师大出版社方面的原因，开幕式推迟到4月25日，那么这两个展览开幕时间前后相差不到9天，扣去"白崇禧展览"布展最少三天时间，间隙只有一周的时间，因白先勇先生及有关领导、嘉宾届时参加开幕式，活动要确保万无一失。两展如同急驶在同一条轨道上的动车，稍有闪失就会造成追尾！

能否将"九烈士展"换个展厅呢？难，因为本就资料较少，放在西厢房已显单薄，其他展厅都比西厢房大得多，那样效果将更不好。杨局长提供的63张图版，每张长宽60×50公分，纸板覆膜，其中用去9张烈士像，还有54张，54张中又有不少废毁、重复的，能用的不到40张。当务之急是要将图版翻拍下来，制成电子稿，再请设计公司将40张能用的图版，组合在九烈士像的版块中。

三 四家单位联合主办相得益彰

4月12日杨局长打来电话："200张照片找到了！"来不及欢呼，我即请市文物局、雨花台区文化局和《现代快报》各一位负责同志，携共同主办"九烈士展"的公函来总统府会议。

明确任务、分工合作。市文物局负责提供图片史料、区文化局负责九烈士后人接待、《现代快报》负责媒体报导，我馆负责布展和开幕式。既然有了200张照片，回旋余地大增，我们将展览地点调整在二堂的东偏房内。

当天晚上我、叶副部长、陈宁骏及制作公司的小余，在办公室里围坐一桌，将200张照片进行梳理。照片全为两寸黑白照，上面没有文字说明，但各自装在一个小纸袋里，小纸袋上有简单的文字说明。我们先将照片和各自的小纸袋编上号，以防照片送出去扫描后，放不回原来的小纸袋中。然后进行筛选，选出了100多张做展览用。同时将内容分为4个部分："音容宛在"、"抗日外交"、"慷慨赴

开幕式上主办单位负责同志合影

义"、"世人景仰"。

制作公司的小余表现出良好的合作态度，13日上午对所有照片进行了电子扫描，下午打印成小样，并送来让我们校对，晚上再取回公司出二校。当工人们连夜加工制作时，我也是夜不能寐：时间紧迫，环环相扣不能出任何差错外，明天要领着部里的同志先将二堂东偏房撤展；要将展标、开幕式背板、前言和九烈士小传等制作任务布置下去；要请保卫部的同志把开幕式音响准备好；请总务的同志把剪彩的红绸等准备好；把来宾和记者名单交给前门，以便顺利放行进入；主持词的腹稿，等等。

14日图片制作开始，每幅图片60×50公分，喷绘扫描，切割版材，装裱覆膜，加装边框。15日下午布展开始，我请几家主办单位负责同志共同到现场，既是尊重，也是群策群力以防疏漏。杨局长对图片的顺序作了指导；《现代快报》在平柜中放置了清明节公祭九烈士时的签名簿和一直以来报导的报纸；我们还在积木上陈列了18幅国共两党关于九烈士的题词，和建国前后国共两党颁布的各种嘉奖令、烈士证书的影印件。晚上9点，布展终于成完，我亲手将一黄一红两束花放在展柜中：黄色表示追思，红色寓意永生！

16日上午10时，开幕式开始。《现代快报》早将消息发布出去，观众人山人海，媒体围成一团。我在总统府主持展览开幕式大小数十次，这次尤为庄重，特意打上一条新领带！朱正心先生的发言让大家一阵稀嘘，因为他是烈士朱少屏的长孙，爷爷死的时候，他才一岁，他没有见过爷爷，但他的名字是爷爷起的。他说这次来参加开幕式才知道，国民政府的外交部是隶属行政院的，许多外交条例制定、颁布，使领馆员任免、派遣都是从这里出去的，现在我的爷爷又回到家了！

此次展览由四家单位共同主办，特别是《现代快报》参与，与此前展览多为文博合办、馆际交流相比，注入了新的因素。媒体有媒体

南京市文物局副局长杨新华（左一）和烈士后人朱正心夫妇交谈

的风格和特点，要加强沟通和交流，团结一致，发挥更大效益。开幕式当天下午有一个媒体小组匆匆赶到现场，要求进行拍摄采访。正巧这时我接到朱正心先生的电话，他中午在总统府餐厅用过餐后，离开时把手机落在餐厅里了，现在回来取手机。我即介绍媒体拍摄小组对他进行了一次没有干扰的专访，这段视频现在网上有很高的点击率。

　　17日我赴西安参加沈阳、西安、台湾新竹"两岸三地张学良故居馆长年会"。到会不久即接到《现代快报》记者小胡打来的电话：卢美纯女士已到南京，她21日一早离开，务必要和我见上一面。3月20日下午6点40分我赶回到办公室，卢美纯女士早已等候在此，她伸出双手，一声："谢谢你，刘部长！"我们都湿润了眼睛。

附：2011年总统府临展目录

序号	名称	时间	地点	主办单位
1	馆藏近代刀剑展	3月1日—5月31日	松江博物馆	自主
2	孙中山与南京临时政府图片展	3月10日—3月18日	台北国父纪念馆	自主
3	民国遗址旅游纪念品展	3月22日—4月2日	总统府西厢房	南京玄武区
4	谢友苏民国人物风情画展	4月1日—5月20日	总统府西厢房	苏州槿花楼

李士珍后人李宁（右）在布展现场

5	王建桦钢笔画展	5月13日—6月13日	总统府花厅	中国美术家香港协会
6	似水年华——民国服饰图片展	5月22日—6月13日	总统府西厢房	自主
7	有学问的革命家章太炎与辛亥革命文物精品展	6月14日—7月1日	总统府西厢房	杭州名人馆
8	松江博物馆砚台展	7月15日—8月15日	总统府西厢房	松江博物馆
9	纪念李宗仁诞辰120周年图片展	8月13日—9月25日	总统府西厢房	广西李宗仁官邸
10	孙中山与南京临时政府百年纪念画展	9月9日—	临时大总统府秘书处	自主
11	孙中山临时大总统办公室复原陈列	9月	西花厅	自主
12	纪念辛亥革命100周年邮票展	10月1日—10月15日	总统府西厢房	市邮票公司
13	纪念辛亥革命100周年——喻继高、范光陵诗意书画展	10月9日—10月15日	总统府花厅	江苏画院

我馆赴台北国父纪念馆办展

纪念邮票首发式开幕前

14	纪念辛亥革命100周年海峡两岸名人名将书画展	10月12日—10月15日	临时大总统府秘书处	南京市民革
15	纪念辛亥革命100周年征联展	10月15日—10月17日	总统府花厅	省楹联协会
16	纪念辛亥革命书画展	10月17日—10月22日	总统府花厅	省侨联
17	古应芬先生文献史料展	10月28日—11月28日	总统府西厢房	广州孙中山大元帅府纪念馆
18	居正文物史料展	11月10日—12月10日	广州大元帅府	自主
19	孙中山与南京临时政府图片展	11月10日	扬州个园景区	扬州个园景区
20	江苏辛亥英杰图片史料展	12月20日	总统府西厢房	自主

孙中山与南京临时政府史料展

一 "孙中山与南京临时政府史料展"（以下简称"孙展"）是八个专项纪念活动之一

2011年是辛亥革命100周年，南京中国近代史遗址博物馆（总统府）是孙中山就任临时大总统所在地。随着时间的临近，其他省市纪念地的准备工作都积极展开，不时有各种消息传来；北京、广州、武

"孙中山与南京临时政府史料展"展标

汉等地的同志，就纪念活动事，先后到南京来交流、咨询。他们满怀期望，想从南京获得更多的信息。做为业务人员，我经常被推到前台，介绍南京辛亥革命的遗址和我馆准备的情况。但是江苏的纪念活动如何搞，一直没有看到批文。在介绍情况时，我只能以"打算如何"、"计划如何"来表达。而以往纪念辛亥革命的活动，多是组织谒陵、召开会议、出版学术论文集等，至于展览能否上升到全省重要纪念活动的的高度，是个未知数。

等待相当"漫长"，甚至感到苦闷。一是身在临时大总统府旧址上工作，社会高度关注之下却不能作为；二是听说有外省纪念地已投入"数亿元"进行大动作，只能暗自着急！

2011年4月28日，江苏省纪念辛亥革命100周年筹备办公室召开第一次会议。筹备办公室主任、省政协副主席陈宝田主持会议。省委宣传部、省民革、省政协办公厅、中国第二历史档案馆、南京大学、扬州大学、省电视台、电台、报社，南京中国近代史遗址博物馆等部门、单位负责同志出席会议，阵容强大、济济一堂，一开始就是高规格。

我被指定在会上就举办"孙展"和"邮展"事作汇报。会前我做了认真的书面准备，从展览意义、内容、形式、亮点等方面作了陈述："……孙中山曾在这里工作、生活了92天，是最值得纪念和宣传的地方。在这里举办孙中山与南京临时政府史料展览，必将更加生

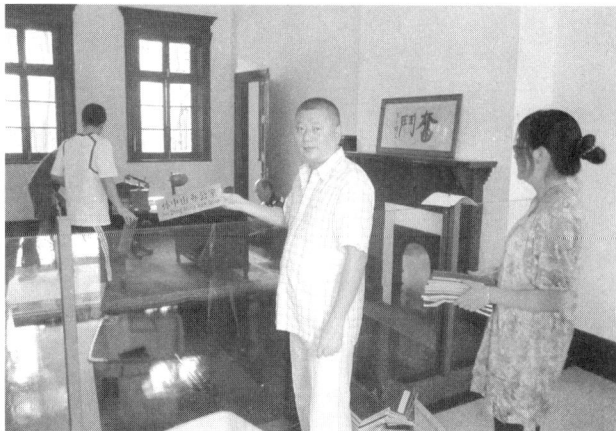

孙中山临时大总统办公室布展中

动、直观、有效地纪念辛亥革命、进行爱国主义教育……"

因为期待已久，陈述时声音有些激动。但是此次展览的特殊性，反而使我的内心变得凝重！

临时大总统府秘书处、孙中山铜像广场、临时大总统办公室和拟陈列"孙展"的原国民政府参谋本部，位于我馆西区，从南往北处于同一条轴线上。前些年在该处遗址上的陈列已经陈旧，我馆在撤除、出新、布展上作了整体考虑。

五一节一过，3日下午5时，馆内游客渐渐稀少，我们从西花厅临时大总统办公室搬出第一件"家具"，移收在大礼堂前的封闭过道里，就此开始了长达5个月的布展工作。当晚我们将西花厅孙中山临时大总统办公室、休息室、小会议会、总长会议室内所有物件搬移、入册，为工程部出新西花厅建筑做好了准备。

这次搬移得到一个意外的收获，那就是在总长会议桌底下，斜对角的位置上，发现各贴有一张纸片，一张写"民国三十七年"等字样，并盖章;另一张是制式表格，从上往下分行写着"外交部"、"分类编号……"、"品名……"、"设……"。多年来，我们对孙办家具的"身份"和来历并不清楚，只听说20世纪80年代，江苏省委责成南京博物院，按照孙中山卫士范良的回忆，在孙办做过一次复原

安放孙中山铜像基座

展览。孙办休息室内的铜床，是袁世凯后人捐赠的；沙发样式与章太炎家的沙发一样，是按章家的式样定制的。南京博物院库存有许多民国文物，包括1945年日本在南京签字投降书的长桌。"总长会议桌"就是做复原展时从南博搬来的，这张长桌和日本签字投降书的长桌在外形上十分相似，虽然不能断定为1912年的原物，但确证是民国时期的物件，也让我们大为高兴！

5月15日，南京百会装饰工程公司正式进入"参谋本部"。工人兄弟们夜以继日拆除旧展基层，现场一片繁忙；到处是废弃的轻钢龙骨、拆除的管线和刺耳的电锯声；白天垃圾堆积如山，夜晚装车运走。经过半个多月的奋战，"参谋本部"原来面貌显现出来。

正当大家为工程即将进入下一阶段而高兴时，却发现许多门窗已被白蚁蛀蚀一空；楼层地板也震颤晃动，根本无法承载钢制展柜的重量和满足观众的登临。对策商量之中，大雨却又袭来，楼顶多处漏雨，室内到处淅淅沥沥。本以为三两日即晴，却不料大雨一下就是10天半月。重新拾瓦、加固梁柱都是事先料想不到的，无论是工期还是经费都需要追加。急打报告。

偏偏这时筹备办公室来要工程进度表；省财政厅也派司法处的熊莉、陈国中、小童等人来逐项审查预算。工期不但不能拖后，反被要

安放孙中山铜像

求提前。我们原报展览10月12日开展，此时被要求提前到9月15日预审、9月28日正式开幕。

心中一急一喜！急的是，能否按期完工没有把握，许多计划都要调整，许多安排都要提前，许多外包协作要重新敲定；而最后10天是最关健的总装时间，工期提前与不提前，做出的效果是大不相同的。喜的是，虽然一直在积极准备，但从没有看到展览立项的批文。这时，从上面重视程度来看，应该是做为省纪念辛亥革命八个专项活动之一了。

果然，一周之后批文下来了！

二 设内圆为展线是"孙展"陈列的核心创意

遗址因"真山真水"而引人入胜，但是在遗址上办展览却有许多制约。古建是遗址馆最重要的文物，古建的安全、形制、位置、空间、相互关系等等不能更改和破坏。通常展览是先有提纲内容，再有形式和手法，甚至根据提纲内容来建造新馆、营造空间、设定线路。而"孙展"是先确定了形式，后完善提纲。这也是因为遗址的特性。

2009年我们曾成功地将总统府政务局楼内的展览，由"隧道封闭

展柜上楼

式"，改为"天窗亮话式"，展示了民国建筑原味风貌，得到了很好的展陈效果，开拓了新的展陈模式。但是参谋本部楼的大开间，与政务局楼分隔式办公间又不相同：政务局楼拆除展线基层后，仍有较多的隔墙可作为展线；而参谋本部南北两楼上下两层，各为一大开间，开间面积300多平米。南一层有2门16窗；南二层有1门17窗；北一层有1门13窗；北二层有1门13窗，门窗众多，如果不另做基层，几乎没有展线可用。

既要留出门窗，又要保证展线，这个矛盾必须解决！经过一段时间的蛰伏，百会公司拿出设计方案：在展厅中间设圆为展线！这样一来，不但留出了四壁墙上的门窗，采光效果好，展线面积也得到保证，还最大限度地展现了民国建筑原有风貌。此案一出，大家一致通过！

"共和钟"安装现场

概念确定了，接下来就是具体和细化。我们设南楼一层为序厅，在内部空间做了一个"满月圆"。从南门进入，圆上迎面是展标和中英文前言，东边透过圆上开放式的"大橱窗"，可直观孙中山就职复原场景：既有很好的观看视角，也可防止游客过于靠近；圆的中间是一座"共和钟"，钟盘里的数字不停地转动，每转1分钟合为

"1912"，稍停后数字又转动散开。圆的西边有通道引向二层楼梯。起先我们曾担心圆的空间感不够好，还有意减少了顶上两组弧型灯，做成后发现相当的舒适！

在南楼二层我们做了一个"花瓣圆"。此圆直径比序厅的圆略小，圆边分为四块，可以看作是四片花瓣；在圆向东的敞口处，我们外延了两片相对而立的展板，展板位置呈喇叭状。一花四瓣，四瓣（正反）八面，加上外延的两个展板，正好分别陈列南京时临政府9个部和临时大总统府秘书处的内容。同时，喇叭形的展板具有导向性，把观众视线聚焦在东墙由南京军区军旅画家陈坚创作的大型油画《民国发轫（暂名）》上！

南北两楼由设在二层的空中通道相连接。北楼二层为第3厅，我们在此厅做了一个"半月圆"。半圆的内侧作为放映影像的幕墙，半圆外侧展示《中华民国临时约法》全文。由于半圆的开口向南，正对着南楼来的通道，当观众从南楼经通道向北楼来时，远远的就可看见半圆内正在放映的影像、听见庄严的旁白，顿时激起强烈的探知欲望！

布展现场

北楼一层是一个"变形圆",由4块对面而立的展板围成,既是在形式上求变化,也是尾厅功能的要求。尾厅是展览的结尾,但并不是历史事件的结束。进入尾厅后,内容仍然相当的丰富,4块展板将空间分为3个部分,较好地处理了主线和次线、史料和论述的关系。

现在展览做好了,也许有人会觉得,看起来设圆为展线的做法平常又简单,没什么特别之处嘛! 其实一个理念的闪现,是凝聚了设计人员大量的心血和智慧的! 一个理念的实现,更是众多施工人员的合作和汗水!

当然,以圆为展线,是在特定的环境中采用的展陈方式。还有许多问题有待解决和完善。圆形展线好看、适用,但是在制作、组装工艺上却有很大的难度:所有的圆面呈弧形,挂在上面的钢架、展板、收边、玻璃罩等等,都要制作成圆弧形,才能与圆面相服贴。

内心设圆的做法满足了展示门窗和保证展线的两个要求,但是也引起了两个问题:一个是光效。 展览是视觉作品,现代展览对光效的要求越来越高,仅仅让观众看得见、看得清是不够的,还要看得喜悦、看得享受! 由于门窗大开,自然光"统治"了一切,若是想做些局部的宣染,或是用光影突出某件文物,所有的灯源只会显得是"沧海一粟"、"杯水车薪"了! 目前,我们只是设置了数码控制,根据天光的明暗变化自动分组调节,对光源实行整体调控,达到节能的目的,但却并非是艺术的效果。

第二个问题是内圆展线自身附带来的,那就是内容的顺序和走向。习惯上汉字图文的顺序都是横排从左到右。而以圆为展线,有时就会遇到顺序逆向的情况。这就需要想出办法来破解或回避。"孙展"在第三厅半圆上就遇到过这样的情况,我们在外圆上陈列的是《中华民国临时约法》,采用从右到左竖式排版,也就轻而易举地解决了。

三 突出内容亮点让历史更具记忆

8年前我馆曾陈列展出了"孙中山生平史迹展"，当时流行"大而全"，从孙中山出生一直讲到逝世，看上去面面俱到，可是看完以后没有印像；更因北京、上海、武汉、广州、中山等地也有相同的展览而似曾相识。这次办展在起止时间和内容上，稍作讨论便达成了共识：只叙述孙中山在总统府的92天，紧扣南京临时政府的史事！

提纲经张宪文、杨新华、陈同乐等等历史、文物、陈列等方面的专家学者多次会议讨论、反复修改、审议，报经领导批准后，确定为5个部分：1. 南京光复 孙文就职；2. 九部内阁 参院立法；3. 清帝退位 临时约法；4. 除旧鼎新 恤荣英烈；5. 平民总统 世人敬仰。

我们重点梳理了临时大总统府、临时政府和临时参议院的建制构架，辟专版图文介绍机构职能和主官权责。从"临时大总统府机构建制表"上，可以清楚地看出有：中央临时裁判所、卫戍总督署、公报局、法制局、秘书处、参谋本部、参军处、铨释局、稽勋局、国史院；另有政治顾问、法律顾问、枢密顾问、军事顾问、议和参赞等。从"临时政府机构建制表"上，可以看出有：内务部、外交部、陆军部、海军部、实业部、教育部、财政部、司法部、交通部等9部，各部之下又分设司、厅、局、处。进一步宣传了孙中山的资产阶级民主共和思想。

史料记载：1912年1月1日晚上11时，总统府大堂灯火辉煌，遍挂五色旗和铁血十八星旗，中间横幅"大中华民国吉期良辰"，背后是"中华民国图"。孙中山身着中式礼服气宇轩昂地站立在中央。景耀月报告了选举情况；孙中山宣读大总统誓词；汤尔和代表各省致词并授大总统印；孙中山盖印宣誓；陆海军代表徐绍桢致词；孙中山再次致答谢词。

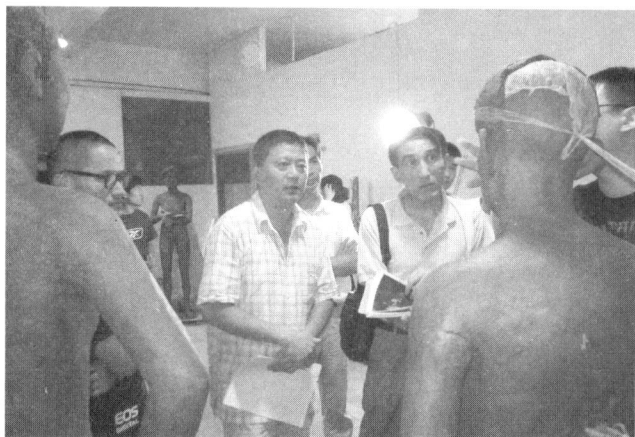

三赴杭州察看泥稿
制作

　　为了复原就职场景，我们在杭州订制了12尊就职现场人物的特型蜡像，12尊像由12位艺术师负责制作；并将馆里原有的孙中山、黄兴等6人蜡像重新化妆出新，合在一起为18位。我们曾10天之内，三赴杭州，修改泥稿。

　　当时照相术已经发明，并在中国运用，孙中山从上海来南京时有照片，当选大总统后也有拍照。在孙中山衣装上，我们踌躇了好一阵。有文字记载是"中式礼服"，可是就职当晚没有照片，细节难以佐证。而就职大总统后不久，孙拍了一张照片，却是身着西装。既然"眼见为实"，西装也与近代革命理念相一致，于是决定蜡像上采用西装！

蜡像运到现场

我们曾在傍晚把大堂里所有的灯打开，用手上最好的相机拍照，却是一团漆黑。

时值夏日，高温酷暑。中央美院油画系毕业的李浩等三位年轻的艺术家，挥汗如雨、赤膊上阵，精心绘制了大堂背景。画在墙上是平面的，但比例和透视极好，看上去一直进入到深远的二堂、八字厅和转角处绰约的灯光，几乎辨不出真假！就在我们赞叹三位高超技艺时，忽然发现画错了：就职时的大堂是有背屏的，背屏上是"中华民国图"。

在"消失"了三天之后，李浩等人再次来到现场，将画上灵动的透视部分涂掉，绘上背板和地图。临走时他说："武汉也画错了……"

前面说过，第二厅里的圆是"一花四瓣"，更妙的是我们在"花蕊"中间设置了一个聚音罩，站在聚音罩下，可以自主选听辛亥革命时期歌曲。在这里要特别说明一下，我们曾拜访中国第二历史档案馆研究员蔡鸿源先生，蔡先生学问深厚，著作等身，退休后仍笔耕不辍。得知我们为辛亥百年纪念办展而来，即将珍藏的民初歌曲简谱、歌词交给我们。计有《劝孝》、《戒鸦片》、《共和国民》、《北伐队》、《国耻》、《爱国歌》、《戒赌》、《勤用国货》、《革命

李浩等人在绘制大堂

军》、《中华大纪念》等数十首，我们请南师大音乐系退休教师整理、配器、合唱、录音，在展厅里播放。遗憾的是蔡先生没有等到展览开幕的那一天，于"孙展"开幕前夕病逝。本文在这里向他表示感谢和哀思，相信九泉之下，他听见歌声一定会含笑的！

此次"孙展"由中国第二历史档案馆与南京中国近代史遗址博物馆共同主办。二档馆在整理馆藏北洋政府档案时偶然发现一批南京临时政府档案，总计数量约700余件，内容分为三大部分：一是大总统府文档，包括临时大总统令、批等档案原件，均由孙中山先生亲笔签发；二是总统府电报房来电，从1911年12月14日起，止于1912年4月7日，这批收文电报编号从第1号至第554号，完整地记录了孙中山处理的政治、外交、军事、内政、经济等各方面的大事；三是南京临时政府外交部文档，记录了南京临时政府在短短三个月的执政时间内，在外交方面作出的巨大努力和取得的成就。

孙展第二展厅

孙展第四展厅

为了突出这一新发现，我们特意在第三展厅制作了一面电报墙，将电报分类为"各省通电 拥护共和"、"财政拮据 军费匮乏"、"南北和谈 推翻帝制"、"外交事权 保护华侨"、"北京兵变 定都之争"、"铲除恶习 戒烟禁毒"等6个部分，并设两台电子屏幕供观众选看。满墙电报颇有声势！

2011年9月28日上午，"孙展"揭幕仪式在孙中山临时大总统办公室前隆重举行。江苏省政协主席张连珍在致辞中，对史料展给予了

开幕式前准备工作

很高的评价，省委副书记、组织部长石泰峰，省人大常委会副主任丁解民，省政协副主席周珉、陈宝田、罗一民，省长助理徐南平，省政协秘书长刘国中以及省、市有关方面负责人出席了揭幕仪式。

附：孙中山与南京临时政府 史料展大事记

孙中山铜像广场维护中

2011年4月28日　陈宝田副主席召开省筹备办公室第一次会议，启动。

5月3日下午5时起　撤西花厅"孙办"陈列，移至大礼堂过道。

5月12日　专家、纪检、财务、监理会议，因时间紧迫初定议标。

5月13日下午至14日下午　撤参谋本部两幢楼展品。

5月15日至23日　百会高岩队伍进场，拆参谋本部旧展基层。

5月24日至6月3日　清除旧展基层垃圾。

6月3日始　门窗白蚁严重，二层楼板晃动，屋顶漏雨。

6月10日　与工程部勾通电路事，为陈坚画预留墙面。

6月12日　省筹备办要进度表、预算表审查。

6月14日　梅雨不讲理，水乡泽国。

6月22日　定室内地坪为水磨石，但对水磨石花纹有不同意见。

6月28日　二楼吊顶天花，去二史馆取电子稿32份及电报目录。

7月4日　财政厅行政司法处熊莉、陈国中、小童来听预算汇报。

7月5日　于阳秉陈主席意，来电话了解工程进展时序。

7月6日　"孙展"序厅硅胶像有好想法，却没时间和费用。

7月7日　拟将二厅剪辫子群雕调到四厅。陈坚画一时来不了，要考虑替代品。

"剪辫子"泥塑制作现场

空调招标来不了，让祝嵘自购"大金"牌；地板不够数，要等5天后看其他工地有无多下来的。

7月8日　展厅内水磨石用水不能直接进入下水道，以防结块，要另处理。

7月11日　于阳来电，陈主席要求提前至9月20日开展。另有邮票展也要报方案。

前言、后记、照片，大事记等内容，小张、小衣录入完成，老叶在做文字精减。

水磨石。大雨漏顶。

7月14日 下午下班后，等天暗开灯，拍大堂全景照片，以为绘制展览中孙就职背景用。

7月15日 讨论"孙展"过道遮窗板色调，及解决前后楼高差问题。

考虑二厅剪辫子塑像移走后，填补内容的问题。

正中顶上置聚音罩喇叭。

7月16日 两岸记者重走辛亥路到总统府，我和王卫接待。

7月18日 蜡像审计事。

7月19日 五色旗和十八星旗，祝嵘借去作画用。

上面下发来：纪念辛亥革命100周年系列活动工作进度及领导参加相关活动安排。

7月20日 大堂背景画好，但有问题。1912年时大堂是有背屏的，背屏上有中华地图。徐飞将剪辫子群雕小样做好，讨论摆放位置和角度。

培训讲解员

大堂画的背屏上要有民国初年的地图，找。祝要把"我大中华良辰吉日"字放在地图上面，我认为应横挂在硅胶人物的前面。相持不下。晚上，祝找到地图，图上有"中华民国全图"，这排字放背屏上是适合的。这样背屏地图上有字了，便可把"我大中华……"挂在硅胶人物前面了。

李浩说他为武汉画的大堂也是没有背屏的，要改。

7月21日　因经费不够，设想把秘书处复原改为纪念辛亥革命油画展。上海陈初电、美国王鑫生，两位一起开幕是否合适，他两人是否愿意？贺成、时卫平、王野翔同样题裁的画作也可邀请参加。

下午，美国华侨画家王鑫生夫妇来谈画展事。陈坚油画一时来不了，可考虑把王鑫生的"大树孙中山"填在位置上。

张宪文（左三）周新国（左二）在陈坚（右二）画室讨论画稿

7月25日　"大树孙中山"内容上不太合适，此处是临时政府九个部的内容，而"大树"是总结性的。可否调到最后，做结束画用。陈坚画来之前，可用以前复制的陈世宁的"共和之光"画做填，面积大小差不多。

7月26日上午　到展厅现场为图片定位置，个别照片位置有争论。

7月27日上午　北京展柜公司来现场测量展柜。原设想平柜上墙，现担心展柜无腿悬空，观众多时会将柜子压垮。展柜的颜色和底衬，开启和气撑要考虑好。

7月29日　早上和叶商量"孙展"章节，四厅分四个部分：1. 南京光复孙文就职；2.九部内阁次长握权；3.清帝退位临时约法；4.平民总统世人景仰。初拟6个部分的，现改。

8月2日　一厅圆弧展板立好，白坯墙板尚看不出空间感。展厅楼梯间内电箱入墙事，要让百会做好。

保卫部安防管线埋入工作拖后，吊顶无法安装。

8月5日　防台风警报。通知展厅施工工人夜关窗、防止落瓦。

8月6日　布展加工清单，四个厅。二史馆电报跟不上。

8月8日　上面派于阳等人到现场察看进度。

8月9日　广东博物馆欧阳馆长来电询问孙中山就职时的着装。

8月11日　孙中山铜像座基事，操作，改样。

8月12日　邮政总局孙中山邮票设计事。请张宪文为设计稿人物写了鉴定。我为设计稿上建筑图案写了意见。

8月15日　部长会，各部通报工作节点。

8月17日　下午去江边河南村看"剪辫子"群雕泥稿。

邮票图稿鉴定函。上方为作者字迹，下方是张宪文教授的鉴定

让百会制作秘书处画展背板。

原在露天的四组铜像移入展厅，要提前做基座。露天处原来的的基座上要装上花盆。

西花厅"孙办"出新展出，隔离拦干和信息栏干要提前订做。

有"市民革"插入画展。

8月22日 审改"孙展"影像中的配音台词。

秘书处油画展作品数量不够，库中有旧孙展数幅画作或可用。

8月23日 《近代史研究》2011年4期有章开沅、金冲及、张宪文、林家有、步平五人关于辛亥革命的文章。

杭州12尊泥稿好。为赶时间，下午便出发去杭州。刘小宁、我、祝，看泥稿，提出修改意见。

家里有原先西安制作的孙中山等人6尊像。

8月24日晨8点30分 孙中山铜像到了，放西花厅前广场上，用红布包好。

展柜又推迟一天，27日晚到，28日开装。展柜进场安装与展场地板刷油漆有冲突。

时卫平（左二）赠送油画作品

秘书处画板挂墙抓紧制作中。

8月26日 审计、监理。关于请陈坚作画事批文下来了。

本指望请杭州方做孙中山蜡像，看了小样却也是不理想。时卫平、徐飞做的铜像虽然比较像，却是两个系统，不能套制。

8月27日夜 展柜到，接。安装有问题。

收尾工作

8月29日（周一） 时间紧迫。早上乘公交91路，思考问题，竟然乘过了站，往回走了一站。到食堂吃饭看电视《朝闻天下》：世锦赛飞人博尔特抢跑被罚离场，"既然稳操胜券，何必操之过急"。要沉住气。

"孙展"总装

墙柜安装出问题。悬挂展柜的想法是好的，但厂家对墙体的硬度不了解，墙柜材料太大太重，想法难以实现。

上面指示，与"神牛木"联系孙中山红木雕像事。

张主任指示叶去省、市法院询问：陈坚的画买来后的使用权、著作权归属？

8月29日　6只墙柜无法安装，要改造。墙柜安装不适，反映了设计公司对场地条件不熟；甲方对乙方的使用和主导关系，信任和监督关系，深层的问题是立项的时间和工期问题。

9月1日　刘秘书长召开各组负责人会议，了解进展情况。我汇报了"孙展"开始进入总装阶段。

要求我们提供开幕式领导讲话稿的材料。

9月2日　孙展基层涂料完成，准备上图片。

秘书处40块画展挂板制作近尾声。.

9月5日（周一）　"孙办"隔离玻璃栏杆到了，安装。

孙像石座还是没到，听说坏了一角后，又切坏了，高度只乘1米了。秘书处画板挂镜钱没装，地台上的钣金要粘上。油画作品已送去

制作中的孙中山铜像泥稿

做框。

西花厅出新工程完成，下午开始将"孙办"物件搬回原处。

9月6日　"孙展"基层涂料工程完工。晚上孙像基石终于到了。

图片文字返来，校对。校对是甲方负责，加紧校对。

上午先把昨晚放在孙起居室门前的物件抬进卫兵室。到西花厅，众人正热火朝天铺地垫。

下午见证孙像基石到位和请上孙像。

晚上将装好框的油画进场秘书处。

9月8日　加紧布展油画。顶上的灯槽靠房梁太紧，灯装不进去，后小高上顶棚把螺丝松开一些，装上。

准备横幅、席卡、讲话稿、剪彩、音响等。

讨论五色旗的摆法。

9月9日　上午秘书处油画展开幕。记者。

9月10日（周六）　叶盯在工地。

9月11日（周日）　我盯工地。校图文，找了一个财政部图，祝带去制作。只等14日晚上总合成，15日上午陈主席来察看。

放大的谒陵历史照片很有感染力

基层全做好，祝嵘提前环卫工人开始搞展厅内卫生。

9月12日（周一）　中秋节，工地加班。

开始上展板，上电报墙，过道灯箱装配。

有一扇窗户掉下了，是原来的铰链朽了。

空调机厂家至今没来安装，布展工程都好了，留了装空调机的顶洞。

开始安装展厅大门头上的展名。

原四组塑像入室。

祝嵘有一项活赶不上15日陈主席来看了：电脑的外壳。因是特型订做的，烤漆来不及好。祝便在市场上买了两台常规的一体机放在位置上，等陈来看后，过后两天就可换上订制的。祝认识到领导来察看的重要性，不惜成本，这是比别人成熟的地方。

协调堆放杂物。北京6个待修改的展柜，和祝工地上的东西，现场不好放，都要收起来。便让他放在前面画展室西边的小房内。

月亮很亮，休息时大家都仰着头用手机拍照。

9月13日　晚上忙到半夜才把"1912共和钟"的石座搬到展厅内，有一吨重。刚回到家，祝来电话说对方把石座做错了。

9月14日　下午"剪辫子"组像到。晚上杭州硅胶像也到。

展柜文物开始进场。

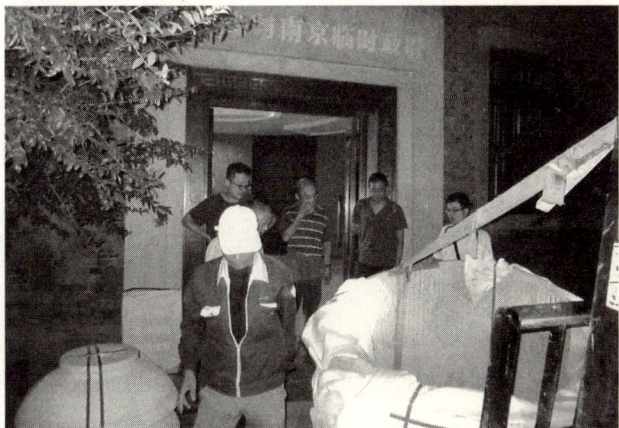

中秋之夜共和钟石材底座运达

有部分图版没按约定时间运到，祝去公司催。

明天陈主席来察看，一切都在赶。

9月15日　上午9点陈主席一行到，现场察看后指示：电报要分类，民国歌曲歌词要展示开来。

9月20日　陈主席召开省筹备办公室第二次会议

9月21日　二史馆电报电子稿一直在出版社，出版社书出版前无法取回。现在书出版了，据说要三个月后才还给二史馆。

9月22日　写电报说明、大事记等。加紧修改电报墙。

二厅展板色调偏"艳"，换底色。

9月23日　二史馆电报复制件到。先后共计电子稿、复制件到展120份。需从中挑出要上墙的17件。房间、走廊的地上都铺满了电报复制件，赤脚在上面走、找。

9月26日上午　陈主席再来现场。序厅孙中山就职典礼场景设计的马赛曲伴奏，硬是没放出来。事前我对祝说了北京有放国歌时找不到碟片事。这次电源没问题，不曾想，程序上没设置循环，只唱了一遍，就停了。

和先驱们在一起

陈主席相当细致，看见有关于临时大总统府第一份和最后一份来电的说明词，但展柜中只有第一份电报，无最后一份电报。二史馆郭答应明天补来。

9月27日　把先前"1912共和钟"暂时替代的木座撤下，把重新做好的石座装上。安稳。

9月28日　开幕式。

总统府民国建筑测量报告·门楼

测量时间：2011年4月

测量人员：刘刚　王益华　曹波　陈宜

基本数据：总统府门楼建于1929年，设计者姚彬，文达工程建筑公司建造。青砖水泥结构，水涮石墙面①。

门楼共有三层，总高13.50米。一二两层外墙长宽相同，长29.40

测量门楼高度

米，宽6.06米，两层高度为9.06米。两层顶上周边加砌水泥护栏，栏高1.04米，宽0.30米。两层顶上正中有一升旗预备室，是为第三层。

门楼有三孔门洞，中间的大两边的小，均为外圆内方、双扇镂空铁门[②]。中门洞顶高6.40米，宽4.93米；两边的门洞均是顶高5.40米，宽3.60米，三孔门洞顶部均饰拱心石图样[③]。一层东侧门洞东边为一房间，面积4.33米×5.50米，房间向北一门一窗。东则门洞西边又为一室，面积4.30米×5.50米，除向北一门一窗外，向东门洞里又开一窗，以便观察出入的情况。西侧门洞两边房间情况与东边的对称，但西门西侧的房间里，沿西墙有由北向南而上的一木制扶梯[④]，材质为洋松，梯宽0.9米，18级，接近至二层时又折向东，有梯10级，可上至二层。

二层空间由6道墙6扇门分隔为7个房间。中间房间面积是宽5.03米×5.50米。东西各三间面积分别是3.70米×5.50米。因正中门洞高于左右两侧门洞，二楼正中一间的地坪便高出东西两边房间的地坪。两边的房间由木梯连接可达中间房间，梯高1米，宽1.14米，5级。因正中地坪较高，而顶高相同，顶下又附有一条横梁[⑤]，中间房间内的空间要比两边的房间狭矮，为2.24米；两边的房间内高度均为3.17米。同是因为中间门洞较高的原因，门楼北立面二层上的8扇窗户，中间房间两扇的底框比东西两边6扇的底框要高一些，面积也要小一些。由正中房间内沿南墙又有一木扶梯，由东向西上12级，可登至第三层升旗预备室。

第三层升旗预备室，面积5米×2.73米，层高2.94米。室内紧贴南墙正中从上到下是原木旗杆的下半部，由铁条匝紧生根牢固，旗杆上半部伸出室顶。东墙一窗，西墙有一门，出可达二层顶台。沿预备室北面外墙，有一条贴地反梁[⑥]横惯整个顶台。

升旗室北墙外有一露天水泥楼梯，宽0.74米，简易铁管扶手，由西向东沿墙而上14级可达三层顶部。顶部四周有水泥护栏，栏高0.8

门楼升旗室内部

米，宽0.30米。伸向天空的旗杆高约10.18米[⑦]，仰头可视。

登升旗室顶台，南立面墙中间高两边低。正中墙宽3.70米，离顶台地面高1.30米，这里是门楼的最高点；向两边各退0.8米至顶台东西护栏处，高度分别降至1.07米；再向两边各退0.88米，落脚已出了顶台，降至二楼顶层护栏上方并连成一体，落差0.8米；此处再向两边各退出3.23米，降1.30米，与二层顶部的护栏相接，至此5级退层营造出两边对称的女儿墙。

门楼南立面除以女儿墙挡住呆板的升旗预备室外，还装饰有8根罗马爱奥尼克式水泥柱。柱底径0.77米，柱高7.71米，比例符合制式要求的1比9或1比10。柱身从上到下有半圆形的凹槽14条，[⑧]两根一组分别立于三个门洞外两边的长方形柱础上，柱础长2.50米，宽1.30米，高1.35米[⑨]。柱顶高度与二楼顶台平，以一条挑檐收齐[⑩]。挑檐在门楼正面横过，宽0.95米，长27.2米，与门楼总长相比，挑檐在两头各收了1.10米，即显得生动，又与周边散水相接。从二层房间内墙体空洞处，可看见南立面内部的混凝土和空心夹层。

门楼东西两侧的墙上各有四扇窗户：一楼两扇，二楼两扇。但是一楼的两扇与二楼的两扇并不在一条垂直线上，一楼的两扇相距较大。[11]

情况分析：

① 门楼历经82年，建筑主体完好；有小部分破损（如前脸上方装饰线条），建议定期检查、及时维修。有学者认为门楼为钢筋水泥结构，经此次测量，除南立面部分有钢筋水泥外，门楼大部分为青砖泥砌。虽然门脸有西式原素，但从材料、结构、式样及楼顶的露台、门前的石狮等来看，仍是一座"中学为体，西学为用"的中式门楼。

测量升旗室外立面

② 镂空铁门为2003年南京晨光机器制造厂复制。

东西门洞内开凿的两扇窗户因位置突兀，且形状与门楼上其他窗户明显不同，是否为民国时期所为存疑。经询问80年代的门卫有说是1980年开凿的。

③ 此处拱心石和门柱既非古希腊石材、古罗马石灰石，也不起力学上的作用；既不是拱券式，也不是廊柱式，纯粹是一种装饰，不能看作是门楼的主体。

④ 西边房间内的木制扶梯为民国时期原物，现有一墙将梯封在里面，墙上留有两门，一门可入楼梯登二层；一门是进入梯下的空间。墙和门是后来做的。

⑤ 此横梁是为加固上方第三层升旗预备室而设，与升旗室北墙上下叠合。

⑥ 反梁在二层顶台中间横惯东西，与东西两边的护拦底部相连，为民国时期原物。

⑦ 旗杆是2003年12月23日更换。所用杉木长12.60米，直径0.25米，从安徽繁昌以2600元购得。旗杆以两根杉木接起，但因当时只计算了顶台上和房间内的长度，忽略了通过墙壁内的尺寸，更换后的旗杆短了20公分。

测量旗杆高度

⑧ 所有的8根柱体的柱头装饰有两个相连的大圆形涡卷，这是典型的爱奥尼克风格。但是8根柱体都是只在向外部分有14根凹槽，而向内的柱面上却没有，光滑的圆弧面为0.60米，按面积计算可以再加5根凹槽，这与24根凹槽的爱奥尼克柱式有差异。

⑨ 爱奥尼克柱式有多层的柱础，总统府门楼的柱础简化为一个

测量完毕，在门楼上吹一曲小号

整体，只做了几道腰线示意。

　⑩ 挑檐向下向内收缩，过度层0.60米，占去了约一个柱底径的尺寸，使得柱高和柱径比发生变化。而爱奥尼克式的檐部高度与柱高的比例应为 1 比 5 ，柱间距为柱径的2倍。

　⑪ 西侧一二层的窗户不在同一垂直线上，是因为房间里有楼梯，需要窗户让开楼梯。但是与之相对的门楼东边房间里是没有楼梯的，却同样把一楼的两扇窗户分开较大，或者只是为了对称。现在东边房间里有一条与西边相对称的楼梯和封墙，是2001年修建的。

泓盛秋拍会巧得国民政府宝鼎勋章

2009年12月20日星期日，忽接上海友人老郭电话：次日有民国文物拍卖会，其中有我馆一直想要征集的民国勋章。时间紧迫、机不可失。尽管对拍品情况不清楚，我和叶部长商量后还是向尤馆长作了请示，得到批复：本着学习的态度，应该去了解一下。

21日清晨6时，天色漆黑，寒风凛冽，我和叶部长乘动车赶往上海。按老郭事先告知的路线：出上海火车站，乘3号线地铁到徐家汇。刚出地铁我们便感受到此次拍卖会不同一般：问一路人往建国饭

我们的牌号是850

店如何走？对方目光狡猾地说：你们是来参拍的吧？询后得知他从广州来，刚下车，也是来参拍的。

泓盛是上海著名的拍卖公司，此次拍卖会场设在建国饭店四楼。我们到达时已是上午10点30分。老郭一改平日休闲状，身着笔挺西装，戴金丝眼镜，发型整齐，海派十足，领着我们在前排坐下。老郭是钱币收藏专家，此次参拍他按规则预交了1万元保证金，领取了一只号牌（850号）。他说你们若想参拍，可以借用此号牌。

只见台上拍卖师口若悬河、拍锤频落；场内号牌此起彼伏、叫价不停。看了一会，老郭说勋章在2600号以后，现在才拍到1900号，可以先去隔壁大厅预览一下实物。

预览大厅有长条桌围成方圈，工作人员坐在圈内。需要预览的人办好手续，便可从工作人员手中领取实物。我和叶部长调看了民国宝鼎勋章三等、四等、五等各一枚，忠勇勋章一枚、干城奖章两枚等。品相完好、包浆纯正，背面铸"府厂造"、"印铸局"等字样。因此前我馆已征集一批民国勋章，故对勋章有所了解。

拍卖开始前我和叶永坚预览实物

1929年国民政府颁布了《陆海空军勋章条例》，其后数次损益修改。勋章除授予陆海空军抵御外侮、保卫国家，著有特殊战功的军人外，也有授予勤于国事的文职官员及外籍人士。宝鼎勋章为1929年颁行，共分为九等，一二三等授予将官，四五六等授予校官，七八九等授予尉官，寓意授勋者卫国有功、镇国之宝。忠勇勋章是1944年颁行，授予捍御外侮、英勇作战，负伤不退或临危指挥战斗，因而致胜的军人，及对战事建有勋功的军人。而干城奖章则是寓意捍卫国土，坚如盾甲，分甲、乙两等，授予陆海空军军人战时平时著有功绩，或学术技能特有专长者，非军人或外籍人士尽力于军事著有劳绩者，或捐助军用品器具物品，及其发明或改良，有益于军用者。

中午休拍一小时，我们在附近草草地吃了份快餐，便赶回拍场。这次老郭拉我们坐在最后一排的角落里，好像是围棋中的守角，与上午随意坐在前排大不相同，可以审视全场。我与叶部长商量：三等宝鼎勋章是此次拍卖会中最好的一枚，如果能以起拍价拍下，那是最好不过的事情了，接下来我们可以再拍几枚；如果超出起拍价一倍的价格，我们将专门拍此勋章，其他的勋章便不再举牌；但如果价格超过起拍价一倍以上，我们便坚决放弃。

临近开拍，拍家陆续涌入，不但座无虚席，连走道上也站满了人。我前面坐了一排年轻人，个个人高马大"板寸头"，手中都拿着图谱和事先圈圈点点好的目录。老郭悄声说这些人是来自北京、天津的大户，看来今天情况不妙。忽然人群一阵骚动，在众人欢呼声中，上台来一位中年男子，风度翩翩。听了介绍方知是北京嘉德著名拍卖师某某某（名字没听清），是主办方特意从北京请来的。中年男子发表了热情洋溢的讲话后，又上来一位制服女子，宣读了拍卖规则，此时两边电话委托席也进入了工作状态。这才上台一位年轻的拍卖师，口齿伶俐，手势清晰，一看便是老手。续拍开始！

果然应了老郭的话，下午的竞争更加激烈。有几枚孙中山钱币，起拍价100元，三下两下便拍到了千元以上，所谓低开高走。有一枚清造币总厂银元，起拍价200元，刚一开拍，便有人举牌"乱喊"2000元。我心想这人是来捣乱的，谁知一念未了，接着又有人喊出3000元、4000元、5000元，最后以6万元成交。我心中方知：先前喊2000元的人并不是捣乱，而是要以突然喊出高价的战术吓住其他人。谁知现场行家多多，不为可扰。更让人开眼界的是，有一枚刻有袁世凯签名的银元，竞拍者趋之若鹜，举牌之盛用"雨后春笋"不足形容，简直就是"大珠小珠落玉盘"。随着喊价攀升，只剩两位在比拼内功，虽然放慢了节奏，"雨点稀落"、"残荷漏更"，全场却是鸦雀雀无声。最后一锤定音，以38万元成交。其间老郭也举了几举，看看价格离谱，便把牌交给我了。

我和叶部长面面相觑：来者都是"暴发户"，照此拍下去，恐怕我们连个勋章盒子也拍不到。室内暖气打得太足，加上早晨起得早了点，一路劳累伤神，眼皮不停"打架"。到下午6点钟，开始有人退场。一直叫价不停的拍卖师脸色苍白，实在撑不住了，换上来一位"眼镜"拍卖师："2594号拍品，民国抗战胜利纪念勋章，保存完好，起拍价2000元！"老郭在后面用手指顶了我腰眼一下：提醒我举牌。事先在图谱上我已看到此勋章，但我馆已收藏了一枚，故此次不在考虑之列。我不动声色。看见前排一人举牌，竟然无其他人竞拍，成交。顿时一阵热血涌过我的全身！我压低声音对叶说："宝鼎有戏了！"

三等宝鼎勋章

四等宝鼎勋章

我在心里迅速分析："一、钱币市场已经成熟，故钱币拍者众多。二、民国勋章有一定的局限性，一般商人不愿将"生鱼死虾"捂在手中。三、此前珍品频现，'暴发户'们投入了大量资金，此时已欲望不高。四、同类博物馆有收藏意向，但毕竟不如宁沪距离较近，老郭及时告之，组织上支持，我得天时地利人和。"

尤馆长发来短信："根据现场情况，你们可见机行事！"

19时，大屏上打出："2600号，民国早期宝鼎勋章三等一枚，保存完好……"。扬眉剑出鞘！我等待这一时刻已经太久，应声举牌。前排那人应了一口，我随即追加一口。他又加一口，我志在必得，再加一口。那人把头低了下去。我眼前闪过佐罗一剑刺中上校咽喉的情景：他死了！

以不超过三分之二心理价位拿下三等宝鼎勋章，回旋空间大增。接下来的步调进入我的节奏。四等宝鼎：我以起拍价拿下，无人应拍。五等宝鼎：前面那人举了一下牌，我加一口，他不再应，我拿下。又以起拍价拿下一枚忠勇勋章、一枚光华奖章、一枚梅花奖章、两枚干城奖章。大获全胜，不辱使命！

成交后，老郭为我们垫付了所有的费用，在此向他表示衷心的感谢！

与赵爱国先生关于刀剑展的往来邮件

刘部长您好：

回美已经一个多星期了，事情都堆在一起，甚是忙碌。此次南京一行，非常感谢您的热情接待，使我在南京有了回家的感觉，请代我向尤馆长和叶部长问好。方便的话，请早日将《海外中华文物保护促进会成立贺函》发给我，在网上传过来即可。大会定于五月二日，准备工作基本就绪。至此，向南京总统府义捐民国文物活动将在海外

刀剑展开幕式。赵爱国先生在发言

正式展开。希望会有非常理想的效果。再一次对您和馆长的接待表示感谢，同时对于办中外近代刀剑展和新书首发式给我的大力支持表示感谢。希望将来您和馆长有机会来美。

赵爱国

4月12日

赵先生您好：

　　来信收到，先预祝大会圆满成功！我馆贺函一事，一直放在心上，拟好后即发给您。望早日在总统府举办您的刀剑展。

刘　刚

4月12日

刘部长您好：

　　5月2日大会圆满成功，自大会结束，不仅美国各大华文报纸争相报道，而且国内各大新闻媒体、网站纷纷转载。今天我在Google上查了一下，有关《海外中华文物保护促进会》的资讯约有40条。如果您有兴趣，可以上网看看。关于大会情况，ocapa5000.com已有详细介绍，欢迎浏览。

　　办刀剑展览的准备工作仍在进行中。据了解，较大规模中外近代刀剑展览在国内尚未有过，既然是第一次，我想把它办好。回美以后，不仅我在现有的刀剑中做了精心挑选，对部分种类又进行了补充。到目前已经选出自16世纪到第二次世界大战期间近40个国家的212把近代刀剑，并分为八个类别。即：1. 轻剑（18把）；2. 猎刀、短刃（27把）；3. 步兵刀（47把）、4. 军刺刀（34把）；5. 中正剑组合（20把）；6. 骑兵刀（23把）；7. 海军刀（21把）；8. 美国兄弟会骑士剑组合（22把）。这些刀剑基本可以代表世界各地不同时代的主要类别，而且多为上品，其中不乏精品。现在，我正在整理每一把刀剑的照片和说明。

关于展览的事情，有几点我想与您商量。一是展览起始日期，可否定于6月28日？二是展览时间，三个月？六个月？一年？三是能否卖票？我是这样想的，由于我们促进会刚刚成立，面临最大的困难是资金短缺，我想如果刀展能卖票，这无疑是总统府对我们工作的最大支持，我将把这笔收入全部捐给促进会，作为组织义捐民国文物和有偿征集的费用。四是展后刀剑去向。我想大概有三个方案：1. 转到北京及其他地方巡展。2. 借或租给总统府长期展览。3. 总统府或某集团某人一次买下。以上是我目前想到的，当然您是专家，有经验，请您在这件事上多出主意，最后我们商量出一个办法，并形成合同。我初步计划过些天，先把参展刀剑的资料传给您，待我们商量好以上几件事，即可邮寄刀剑，我想这些事情应该在月底前办妥。

请向尤馆长等诸位领导问好！

另：我已买好6月15日回国机票

赵爱国
5月7日

赵先生您好：

我会力促实现此事，如能将您的刀剑做为馆藏固定展，长期展览，这将会是总统府展览中的一个亮点！

刘　刚
5月8日

刘部长：

由于这批刀剑水准较高，价位已不是先前可比，如果让总统府一次买下，也许有一定难度。我想也可否采取变通的方法，如卖票收入提成、付租金等，如果在一定时间内达到相应的数额，我可以将展出的刀剑全部捐赠给总统府。这样的新闻，对总统府的知名度以及将来刀剑展带来的经济效益一定会不错。这些想法仅供参考。

另，请转告丁先生，我也期望有机会与他见面。不知他提到的佩有红蓝色须子的刀是否是日本战刀？这种原配非常少有。我手中只有一把带有这种刀穗的日本战刀，应该属于尉官级军官使用，如果丁先生有兴趣，这次就一并寄去，价钱不是问题，就当交个朋友。

赵爱国

5月9日

刘部长您好：

刀剑资料还没有全部完成，今天先传一部分。图片对文字看。

第一类 轻 剑

1-01　英国17世纪轻剑

1-02　英国维多利亚女王时代外交官佩剑

1-03　英国19世纪礼仪佩剑

1-04　法国17世纪细剑

1-05　法国18世纪军用轻剑

1-06　法国19世纪宫廷佩剑

1-07　法国19世纪法庭官员佩剑

1-08　欧洲18世纪轻剑

1-09　德国19世纪普鲁士外交官佩剑

1-10　奥地利19世纪礼仪佩剑

1-11　西班牙18世纪轻剑

1-12　美国南北战争时期（1860年）卫士佩剑

1-13　西班牙17世纪轻剑

1-14　欧洲19世纪击剑训练剑

1-15、16　西班牙19世纪礼仪剑

1-17、18　欧洲18世纪轻剑

1-19　西班牙19世纪轻剑

......

第七类　海军刀

7-01　英国1840年皇家海军军官刀

7-02　英国19世纪皇家海军军官刀

7-03　法国19世纪海军军官刀

7-04　德国一战时期海军高级军官刀

7-05　德国二战时期海军将官刀，此刀尾部有狮子头雕刻，并镶有红绿宝石眼睛，这在以装饰精美著称的德国现代军刀中极为少见。

7-06　美国1770款海军水兵刀

7-07　美国1917款海军水兵刀

7-08　美国1940年海军陆战队军官刀

7-09　美国1852款二战时期海军军官刀

7-10　奥地利19世纪海军军官刀

7-11　阿根廷二战时期海军军官刀

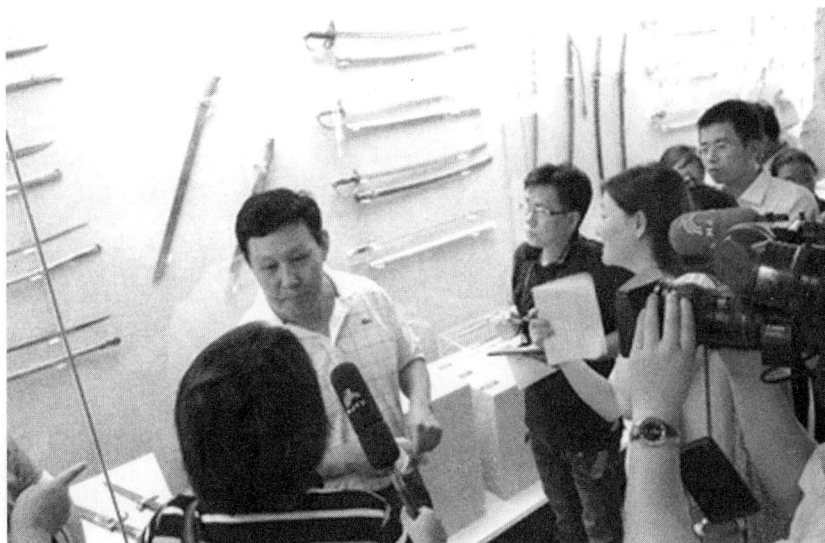

记者现场采访赵爱国

7-12　巴西二战时期海军军官刀

7-13　意大利一战时期海军军官刀

7-14　日本二战时期海军军官刀

7-15　日本二战时期海军军官战刀

7-16　日本二战时期海军军官指挥刀

7-17　意大利1930年空军军官礼仪佩剑

7-18　荷兰一战时期海军军官短剑（德国制造）

7-19　波兰二战时期海军军官短剑

7-20　保加利亚二战时期海军军官短剑

7-21　日本二战时期海军军官短剑

7-22　前苏联1944海军军官短剑

赵爱国

5月11日

刘部长您好：

资料全部传过去了，不知照片效果如何？暂缺的照片过些天会传给您。我准备寄刀剑的时候，把照片资料和文字说明，以及《西洋刀剑》书稿（文字部分）存在u盘里一并寄给您，供布展时参考。希望尽快听到您关于刀展的答复。非常感谢您在其间做的工作。

赵爱国

5月12日

另，目前参展刀剑应该有224把，见参展刀剑说明。

刘部长您好：

刀展一事让您费心了，不知到目前还有什么问题没有，我想开展时间就定在6月28日。因为我已定于16日回沈阳，21日到北京，央视《华人频道》有个访谈，同时我会和部分特邀顾问见面，如李学勤、马未都、王岳石、张中干、魏世安等人。我想26日到南京，刚好《刀剑》一书将于6月中旬出版，所以万事俱备。关于租展一事，也许对您有难度，如果不好办，就不要勉强。最好这几天我们把事情都定下来，下周我就开始邮寄展品。不知布展需要多少天，6月10日前全部展品到南京应该不会太迟吧。非常感谢您的帮助！

赵爱国

5月18日

赵先生您好：

我已回到家里，刚才路上接到您的电话，知您为刀剑展事很着急。其实我一直在协调此事，今天上午还把您的最近一封信的内容，向尤馆长作了汇报。因现在是晚上，非工作时间，明天一有说法，我就即时和您沟通。

丁先生今天回到南京，他明天下午来总统府看您的刀剑照片，我会及时向您说明有关情况。

刘　刚

5月18日

刘部长您好：

鉴于目前情况，我真的很为刀展事着急。这里有一封写给尤馆长的信，麻烦您转交一下，并多做些工作。刀展虽然是我的个人行为，但总统府是主办单位，这也是总统府举办的展览。

赵爱国

5月19日

附赵爱国给尤馆长信：

尊敬的尤主任您好！

首先，非常感谢您对我个人刀展的应许，虽然办刀展是我的个人行为，但十分需要各方面的支持与帮助，也只有这样，事情才能办成办好。今天，刘部长把您的意思转告给我，就是刀展能否安排在9、10月份。对于您的考虑，我十分理解，但是我还是想与您商量关于开展的时间。

最初提出办刀展，我的想法比较简单，只是想从个人收藏的刀剑中选出百十把，办个小型展览，与《刀剑》一书签字活动结合起来，造点声势。后来，我的一些朋友们建议，既然办刀展，就好好办一次，何况有总统府支持。考虑到国内大众对西洋刀剑知之甚少，更是难得一见。为了增进国人对国外冷兵器的了解，我决定好好准备，争取把展览办成国内多年来最大规模的一次世界刀剑展。目前，我已经准备了近40个国家，从1650年至二战时期，基本可以涵盖近代各时期、各地区、各类别的240把刀剑。其中有一些是临时从国外订购的，也有个别稀有种类是从别处借来的。原以为展出时间没有问题，一些刀剑已经装箱完毕，等待邮寄。而且，许多国内的朋友和媒体都已经通知了。可以说万事俱备。现在如果把开展时间安排在9、10月份，我会非常被动，信誉和经济上都将蒙损失。所以，恳请尤主任考虑到这些实际情况，再多给我一些照顾，我将不胜感激。祝好！

赵爱国

于费城5月19日

爱国先生您好：

刀剑展终于可以如期开办，接下来是具体操作。我考虑了一下，能否为：

《近代中外刀剑精品展》

主办单位：海外中华文物保护促进会（美国费城）

　　　　　南京中国近代史遗址博物馆（总统府）

开展时间：2010年6月28日

　　请您准备一份放在展览中的您的简历（不超过500字），我们一起总体考虑一下，做个前言放在展览最前面。可以在前言中说明您的身份简历，和此展刀剑大多是由您个人收藏，及其来源等相关情况。等您的刀剑来后，我们还要为每把刀剑做说明牌，和放置刀剑的展架，时间紧迫，工作很细，这项费用也不会少。到时还会请媒体来作报导。及时沟通，做好展览！

刘　刚

5月19日

刘部长您好：

　　非常感谢您在办刀展这件事上所作的努力！同时，请代我转达对尤主任及叶部长的感谢。关于展览名称，我想能否为：《世界刀剑展1600-1945》，因为，一是中外刀剑展通常以中国刀剑为主，而此次中国近代刀剑太少。二是近代刀剑展，如果按中国历史划分，清朝以后应该是现代，至少二战刀剑不能算是近代的，所以我先前的提法有问题。而这个名称比较确切一些，请您考虑。关于主办单位，我想不要用海外中华文物保护促进会。一是此乃我个人行为，与促进会无关，容易造成假公济私之嫌；二是世界刀剑展与促进会的工作任务关系也不大，总统府主办就可以了，而且展期不受限。

　　关于我的身份简历，我写了一份，一并传给您，看看还需要那些增减。

　　关于展期，我想可否暂定一年，以后办多久可根据情况双方协商。这次我们搞一份合同，您有经验，先起草一份。

　　至于丁先生有兴趣购刀，我想开展以后，参展刀剑也会有一些调整，补充一些精品。而展出的刀剑如果有人想买，您可以代我出售，随后我会增补。

另外，我还想配合刀展，个人出资出版一本《赵爱国个人收藏1600-1945世界刀剑展图片集锦》，可否由总统府代销？再次感谢刘部长！祝好！

赵爱国

于费城5月19日

附：赵爱国先生简介

赵爱国，美籍华人，刀剑收藏家。1956年出生于辽宁沈阳，1973年入伍，其后一直在沈阳部队工作，1991年转业并移居美国。长期的部队生活，使他对刀剑有一种特殊的感情，而国外刀剑市场的自由空间，又给了他得天独厚的机会。从1996年买到第一把德国军刀起，赵爱国先生便与刀剑收藏结下不解之缘。十几年来，觅刀足迹遍布北美，收得各国兵刃近千把，其中以西洋刀剑为主。在收藏的同时，他与国内外许多刀剑收藏爱好者保持良好的交往，并在西洋刀剑的发展演变与鉴赏方面进行了广泛深入的研究。由于多年来，西洋冷兵器在国内尚属冰山一角，众人知之甚少，更是难得一见。为了增进国人对西方冷兵器的了解，赵爱国先生集多年经验编著了《西洋刀剑鉴赏与收藏》一书，并于出版之时在此举办个人收藏刀剑展览。其中包括1600年至第二次世界大战时期，40多个国家的240余把刀剑，其规模为国内多年来外国冷兵器展出之首。赵爱国先生目前生活在美国费城，除经营自己公司正常业务外，还积极为保护流失海外的中华文物奔走呼吁，尽心尽力。当地侨界朋友曾以"爱国"

为末尾二字写了一幅对联赠送于他，"藏天下刀剑心怀大爱，倡文物回归志在强国"。赵爱国先生现任海外中华文物保护促进会主席。

赵先生您好：

展名拟加"近代"二字，是因为我馆为近代史馆，所办展览有个缘由。既然您提出只是个人展，我想或可以变通一下，在您的简历最后写明"南京中国近代史遗址博物馆名誉馆员"字样，这样在展名上便可特例不写上"近代"二字了。是否可为《旅美华侨赵爱国刀剑收藏展》？

关于合同，我们可以先草拟一个。

关于您的书作由总统府代销一事，问题不大，到时我会请馆内负责营销的同事和您具体商定。

刘　刚

5月20日

刘部长您好：

谢谢您考虑周全，我觉得这个展名可以。说声感谢，已经很苍白！祝好！

赵爱国

5月20日

赵生先您好：

请发一张您中意的照片来，我们打算把您的照片做在您的简历的版面上。谢谢！

刘　刚

5月20日

刘部长您好：

　　刚刚健身回来。这有一张新照的，但不是很满意，先发给你。

爱　国
5月20日

刘部长：

　　明天我开始邮寄刀剑，准备分几批寄出。不知你那里准备好合同没有，如已搞好，请传过来看看，没有问题，双方就签个字。谢谢！祝好！

爱　国
5月24日

赵先生您好：

　　合同已草拟好，现在律师处，返回后即发给您。下午大概可以办好。明天我出差去浙江4天。

刘　刚
5月24日

谢谢刘部长：

　　明天我寄7个大纸壳箱，大约一百一十几把大小刀剑，估计十天内会到总统府，途中情况我会通报给你。过三四天再寄下一批。

爱　国
5月24日

赵先生您好：

　　先将合同草案传给您。合同已按程序先送我馆律师，但直到下午下班时，合同还没返回，怕您着急，先将草稿发您看一下，作个沟通。明日我出差去杭州，带上手提电脑，有事邮件联系，祝好！

刘　刚
5月24日

附：关于与旅美华侨赵爱国联合举办刀剑展的协议（草）

甲方：南京中国近代史遗址博物馆管理建设办公室

乙方：赵爱国

协议双方经友好协商，就共同举办《旅美华侨赵爱国收藏刀剑展》（以下简称"刀剑展"）临时展览事达成以下协议，以资共同遵守……（略）

谢谢刘部长：

（合同）很好，应该没有问题。

爱　国

5月24日

赵先生您好：

下午我刚从浙江回来，即和律师联系。他将阅后的合同返还给我了，我现在发送给你。另：下午我接到海关索要身份证的短信通知，我已将身份证复印件传给快递公司，以为刀剑入关之用。

刀剑展现场合影

前日在杭州，我看到了皇甫江的中国刀剑展，很不错的！祝好！

刘　刚
5月28日

刘部长：

刀剑已发出7箱。按快递公司要求，一日走两箱。我查了一下，大概有5箱到海关了。由于刀剑量大，所以快递公司要您的身份证。不过，应该不会有问题。请收到货后，马上通知我。今天，再寄3大箱。下周一寄最后两箱。展览刀剑共计241把，现将完整的文字说明传给您，照片u盘在最后一批刀剑箱内。合同很好，但可否在第一条第三节中加一句，并于展览期间协助乙方销售《赵爱国刀剑收藏集锦》一书。另，我将个人简介加了一点内容，一并传给您。谢谢！祝好！

爱　国
5月28日

刘部长：

麻烦的事情来了，昨天快递公司接到中国海关通知，为保证世博会安全，邮寄包裹每件一律不得超过5公斤。幸运的是我的5个大箱子已经出关了。两件待出关的箱子退了回来，要求分装成小箱。这样连同已经包装好的5箱，共7箱，全部要打开分装，大概要装30个小箱。今天急忙分装了4个小箱，按一个地址一次只能寄两件的要求，我寄到总统府两箱，寄到赵老师处两箱（等货到后麻烦您派人去取一下）。明天起是长周末，公司都放假，下周二才能继续邮寄。我想您能否多给我提供几个收货地址，这样一次可多寄几件，免得一次两箱，大概会误事。真是好事多磨啊！祝好！

爱　国
5月29日

赵先生：

　　来信收到，关于多找几个收货地址事，我尽量去找。但难度较大，因为要用收货人身份证，一般人会很敏感。我想了解一下，若寄的地址同是总统府，只是收件人不同是否可以？若可以，我将我部人员名单都给你作为收件人。你不必耽心，即使刀剑不能如期到齐，也不是问题，我们可以先展出一部分精品，保证28日开展。

　　关于销售您的书作一事，不是问题，不用写在合同里的。我们这里长期有代销业务，您来了后，双方写个清单，过一阵日子按书的销售实际结账即可。

刘　刚
5月29日

刘部长：

　　如果你部人员有不同的收件地址就可以，但也不要勉强，你说的办法也很好。代销书的事就这么简单？谢谢了！

爱　国
5月29日

中正剑：从皇甫江到丁金顺到赵爱国

一 皇甫江当仁不让指出假中正剑

2008年6月21日上午，"台湾退役将领革命巡礼团"一行26人，由团长王文燮率领来总统府参观。我负责接待。时值江南梅雨季节，天气闷热潮湿，水泥地和墙壁上到处湿漉漉的。王文燮一行怀着对中山先生的敬仰，尽管满头大汗，仍然中装立领，风纪严紧。王文燮在

在皇甫江先生（左）家中

中山像前拍照留影，并向我馆赠送了"中国抗战胜利日本投降书"影印件和老照片，我亦回赠了总统府有关图书资料。正式仪式过后，巡礼团中有人问起"总统府假中正剑事"。闻言我颇感惊讶：此事虽有耳闻，却不曾想到远波海外，造成如此大的影响。

事情要从10年前说起。1998年总统府博物馆开始筹建，先是搞基建，接着办展览。因刘小宁和我等几位同事，做江苏文史研究工作多年，对总统府历史比较了解，遂被指派负责筹办展览。总统府区域除了民国时期为首要所在，清朝247年间为两江总督署。1949年4月22日，蒋介石离开大陆时，将总统府搬迁一空。前几年民国史研究有许多禁区，而两江总督史更是闻所未闻。小宁年长我几岁，负责民国史；我负责两江总督史。仗着年轻有干劲，白手起家，硬是把展览做了起来。记得2003年展览开放时，我们都非常有成就感。有朋友送我一个雅号叫"刘两江"，还刻了方印章送我。我个人最大的感受就是从一个"纸上谈兵"的书生，成长为"拳打脚踢"的"工头"！

次年，我做为省委扶贫队员，到东海县挂职副县长，一度离开筹展工作。而小宁同志则担任了总统府展览研究部部长。

2007年我再次回到总统府工作。刘小宁为副馆长，我接补了他先前的展览研究部部长职位。到职不久有一位新疆藏友打来电话，说是要卖一把中正剑给我馆。此后多次接到来自各地同样内容的电话。有同事告诉我，因为一位叫"黄浦江"的上海网民，在网上发了贴子，说总统府展出的中正剑是假的，这才引发了"电话卖剑"热潮。

我打开网页检阅了一下，真是不看不知道，一看吓一跳！网上关于总统府假中正剑的贴子，多达数十条。而将之解释为复制品，更是一石激起千层浪。时至今日仍可搜索到相关的内容：南京总统府陈列军刀、中正剑被指赝品惹争议；刘小宁6日向记者表示，关于古兵器收藏家皇甫江日前质疑馆内展列"日本军刀"和"中正剑"为赝品一事，馆方给予正面回应，认为这两件物品不是"赝品"而是

"复制品"。皇甫江表示无法接受，"按照我的理解，复制品是严格按照真品的样式在监督下进行复制，而总统府展出的这两件和真品差距太大，应确认为赝品。""即便是复制品，也应该加以文字说明"，皇甫江的看法是，馆方不加以说明的做法容易误导大众，同时给一些不怀好意的人抓住把柄，趁机制造历史话题。

此时方知此"皇甫"是复姓，不是彼"黄浦"江名。而"上海网民"的说法，应是同事凭空想像来的。

刘小宁的解释是中恳的：这两件物品都是民间征集来的，原件很难买到，价格太贵，承受不起，经费因素是主要原因之一。民间征集来的文物鱼龙混杂，收来"日本军刀"和"中正剑"类似的文物也是在所难免。对于专家的质疑，目前正在积极调整，将尽快对其配以文字说明，或直接用"投降书"撤换两样文物，做好今年年底的文物史料更新工作。

平心而论，让别人指出错误，在感情上是不舒服的。但若言之有理，就应多反省了。皇甫江是何许人呢？是网名还是真名实姓？"台湾退役将领革命巡礼团"的质疑，使我更加关注中正剑！

现代科技提供了极大的便利，互联网真是好东西！百度一下，尽收眼底：皇甫江，毕业于北京大学法律系，刀剑收藏家，号拔刀斋，《中国刀剑》作者。收藏古兵器超过5000件，觅刀足迹遍及世界数十个国家。1998年开办拔刀斋刀剑天下论坛，现已成为世界最大最专业的中国古兵器研究网站。国立博物馆的主要私人合作者和特聘顾问，并开立皇甫江刀剑收藏专馆。多次为世界知名博物馆和拍卖会鉴定古兵器，国内数家文物和时尚杂志的专栏作家。大型电视剧《三国》的兵器总顾问，央视《探索发现》栏目特约兵器史顾问。数十家电视台和数百家平面媒体均对其收藏进行过专访。连续多年向国内外慈善机构捐献收藏的古董宝剑，均创同类藏品拍卖最高记录。现任跨国公司执行董事、法律顾问以及授权洋酒鉴定师。

原来这是一位成名的人物！网上的介绍，为我们提供了对他的了解；但有说他因为指正假中正剑而"一战成名"到是要过滤掉的网络词汇。皇甫自可成名，不用借助总统府；指出假中正剑是藏家的责任，总统府当以这样的人为友，广结天下豪杰，把我们的工作做得更好！

二 丁金顺雪中送炭捐赠中正剑

民国文物与古代文物不尽相同，有其特殊性。因其承载了前一个政权的信息，既有艺术价值，又有政治含义，有时政治意义超越艺术价值；又与现今社会有一定的关联，既有必须批判的一面，也有需要借鉴的一面。中正剑正是这样一个符号。可是，当我们去征集它时，才意识到，在经历了"文革"浩劫后，大多数的民国文物在大陆都已毁损殆尽，何况被视为"凶器"的中正剑呢！

我们托求了各种关系，接触了许多收藏者，也搜寻了无数的古玩市场，但是真中正剑难得一见！南京城建挖城河时，曾在总统府东边的内秦淮河，挖出一柄中正剑，我们闻讯赶去看时，此剑已锈蚀得面

丁金顺先生（右二）向我馆捐赠刀剑

目全非，只得放弃；厦门海峡两岸交流馆的洪馆长为我们找到了一个线索，当我们赶去时，也是有价无市，不了了之。

"天上掉下个林妹妹"！正当我们为征集中正剑一筹莫展时，2009年3月23日下午，一位姓丁的先生打来电话，说要向我馆捐赠中正剑。半信半疑之际，丁先生已驾车携剑来到我馆。自称"南京市民"后，"丁丁当当"、"哗哗啦啦"把中正剑和日军指挥刀摆放了一桌。记得我问了一句："您有什么要求吗？"答："没有任何要求，为家乡作点贡献，送给你们！"我馆人员一阵欢呼，随即各取一剑在手，仔细察看："嗯，是真的！"于是拍照、登记、入库，颁发收藏证书。

一周之后，丁先生再次来我馆捐赠文物。先后向我馆捐赠文物26件，目录如下：1. 中正剑（钢、铜质地）；2. 鹰首中正剑；3. 木柄中正剑；4. 梅花纹饰中正剑；5. 军委会战干团第四期中正剑；6. 中央陆军军官学校第16期中正剑；7. 中央陆军军官学校第17期中正剑；8. 公道剑；9. 国军军号；10. 95日军军刀（编号151799，有鞘）；11. 95末期日军军刀（有鞘）；12. 98制式日军古刀条（有鞘）；13. 日军台湾指挥刀；14. 32甲日军骑兵军刀；15. 搭乘号日军军刀（有鞘）；16. 日军军号（红须）；17. 日军军用自行车；18. 日军军官公文包；19. 日军狗毛护腿；20. 日军官佐26人签名日本国旗；21. 日军佐官军帽（布质大沿黄底红边）；22. 29路军砍刀（有皮套）；23. 29路军砍刀（木鞘，无把）；24. 29路军砍刀（木把，无鞘）；25. 太平天国战刀（无鞘）；26. 太平天国金田起义朴刀。

丁先生的捐赠填补了我馆没有中正剑的空白。中正剑是1933年蒋介石向"庐山军官训练团"颁发的"军人魂"短剑，三期学员先后发了1835把、2504把、3564把，又称"庐山剑"。1934年，蒋介石向黄埔军校第九期毕业生颁授"军人魂"短剑，又称"黄埔剑"。之后逐步成为国民党军队正式列装的物件。根据国民政府《陆军服制条例》，剑柄用玳瑁制成，柄之两面中央及顶上均包铜镀金上镂梅花纹，玳瑁部分箍以斜形金线，护手亦铜制镀金不镂花纹，鞘身为魄镀镍但鞘口及鞘尾均包铜平镂花纹，剑柄与剑鞘相连接处置弹簧开关，剑的长度也有规制。但是之后的10年间，各类"军人魂"短剑充斥整个国军上下，均以得到该剑为荣耀，以致短剑良莠不齐，泛滥成灾。后来人们将这些短剑都俗称为"中正剑"。

丁先生说：捐赠之前，为了考证写有"祈武运长久"和26名侵华日军签名的日本国旗、军帽等文物的真实性，他专程赴北京请有关专家做了鉴定，确认此文物已历时70多年、均为日本侵华战争的罪证。而所捐的日军军刀包括了日军侵华期间使用的全套军刀，其中一柄"95末期"，北京的中国军事博物馆也未曾藏有。公道剑是阎锡山颁发的短剑，早于中正剑，比中正剑更为珍贵，后因阎消蒋长，公道剑便退出了视线。而太平天国的朴刀，则是他做"驴友"骑自行车到广西时，一个偶然的机缘，受广西朋友的委托，将传家之宝代捐给总统府（曾为太平天国天王府）。

这里我介绍一下丁先生：丁金顺，南京阿波罗演艺广场董事长、刀剑收藏家、酷爱骑行运动。网名霞客丁，是BIKTO自行车旅行网躺车版版主。他曾骑着"躺车"，单人单骑一万八千公里，从南京到越南，再从越南骑回南京，再骑到丹东鸭绿江；2010年沿着新藏线征服帕米尔高原；环法自行车赛时，丁先生等国内10人，在驻法国的欧中友协组织下，亲赴法国体验了环法骑行的魅力，展示了中国骑人的风采。他收藏的刀剑，有许多就是在骑行过程中得到的。

因捐赠文物之缘，2009年9月22日，世界无车日，"第二届全国躺车聚会活动"在南京举行时，丁先生率领全国各地骑行爱好者100多人，浩浩荡荡骑阅南京各处名胜，总统府也特意大开中门迎接，盛况空前！

2009年9月28日，"民国政要文物捐赠展"在总统府开幕。丁先生捐赠的文物也陈列在展览中，并署名捐赠者丁金顺。省政协副主席包国新、办公厅副主任张曹龙、市文物局副局长杨新华，以及文物捐赠者居正后人居文沛、李士珍后人，和第二历史档案馆、南京博物院等30多家文博单位参加了开幕式。丁先生作为嘉宾坐在主席台上，和民国警界创始人李士珍的女儿李保玉、我馆馆长尤伟华，三位发言者先后作了热情的讲话！

三　赵爱国锦上添花举办刀剑展

赵爱国，旅美华侨，沈阳人。他的到来同样具有戏剧性，也是因中正剑而来。记得是2009年10月的一天下午，快下班时，我和叶副部长正在办公室收拾东西。展馆班的同事打来电话，说有两位观众想和我们见个面。"好的，请他们过来！"不一会进来两位大汉，是堂兄弟。哥哥赵爱国，旅美华侨，现住费城；弟弟，赵思毅，东南大学建筑系教授。哥哥说这次来是为捐赠中正剑事，但刚才在展馆里看到已有人先捐过了，他打算捐赠别的刀剑。谈了一会，我和叶副部长留客人吃晚饭。两人却说现在就要去机场赶飞机，起身告辞了。

客人走后，我和叶说笑：总统府的一把假中正剑，引来了南、中、北三剑客，不如我们找一找馆内还有什么假的，一起发在网上算了！可

赵爱国先生（左二）
向我馆捐赠刀剑

见事物都具有两面性，某种意义上刘小宁副馆长倒成了大功臣了！

言而有信，是为君子。一个月后，11月13日，赵爱国从美国寄来民国高级军官指挥刀3柄，日军军刀2柄。此后，我们加强了联系。当我得知他长期收藏刀剑时，萌发了一个想法：在总统府里举办刀剑展！他欣然同意，并感慨地说："这次去南京我亲眼见到了再现历史原貌的孙中山临时大总统办公室、蒋介石办公室，还目睹了许多珍贵文物。但是在赞叹之余，不免也有几分遗憾。南京总统府既然已经辟为中国近代史遗址博物馆，就应该拥有分量和数量相当的史料和文物，可实际上，由于特殊的历史原因，其目前展藏，显然和它的名头不相符。"

关于筹备刀剑展的有关情况，我在《与赵爱国关于刀剑展的往来邮件》一文中已有介绍（见《总统府展览研究》2010年8月第三期）。这里特别要说的是：赵先生化思想为行动，一边于2010年5月2日在费城成立"海外中华文物保护促进会"，亲任主席，致力于为总统府捐赠文物；一边将自已收藏的刀剑运往南京。当时正值上海世博会期间，我们一心要办成刀剑展，太投入了，全然不觉会遇到严格的检查。从国外运进刀剑，简直就是"顶风作案"。好在一切合法，手续齐备，虽稍有波折，最终顺利进行！

经过半年多的努力，"旅美华侨赵爱国收藏刀剑展"于2010年6月30日，在总统府隆重开幕。赵先生特意从美国赶来，偕同各方来宾步入刀剑展厅，对展出的刀剑作了介绍，并就现场包括央视网华人频道、《扬子晚报》、《南京晨报》、《现代快报》、《新华日报》、南京电视台、南京人民广播电台在内的多家媒体共同关心和感兴趣的问题作了认真细致的解答。随后，赵先生为其所著的两本书《西洋刀剑鉴赏与收藏》、《赵爱国刀剑收藏集锦》在现场进行了签名售书活动。

此次共展出中外近代刀剑127把，其中中正剑20把，包括一对极少面世的鹰首空军中正剑。不久之后，又加展中正剑33把。藉此机缘，我馆将中正剑等民国刀剑分批购藏，一跃成为中正剑展藏"大户"！

赵先生一腔爱国热血，2010年8月28日再次向我馆捐赠其经年收藏的自1650年至二战时期的刀剑38把、佩饰2件。其中有珍贵的苏格兰1720年笼型护手骑兵刀、1840年英国皇家海军军官刀、美国1770年款海军水兵刀、德国1899年普鲁士皇家骑兵刀等等价值百万元以上。我和叶副部长驾车亲赴上海将其取回。

2010年11月4日上午，为了表彰义举，我馆特意举行了"周造时、赵爱国文物捐赠仪式"。江苏省政协副主席、省致公党主委黄因慧，省政协办公厅副主任张曹龙，省近现代史学会会长黄玉生，省炎黄文化研究会副会长王孝友，省太平天国史学会副会长金实秋，我馆馆长尤伟华等出席了捐赠仪式。

周造时是抗日烈士、国民党中将周复之子，此次将一批家传文物捐赠我馆。周、赵两位先后在仪式上致辞并宣读了捐赠书，展示了部分捐赠文物。仪式由我主持，但我心中一直挂念着一个人：皇甫江！

我衷心地希望天下豪杰能够欢聚一堂，以诚相待，共创辉煌。听说皇甫江居住广州，但茫茫人海，如何找到他呢？此前，经向馆长请准，决定特邀皇甫江来总统府做捐赠仪式的嘉宾。我请老同学、广东花城出版社副社长倪腊松代为找寻皇甫江，可是这位倪老兄忙活到最后竟说没有找到。当时谁也想不到，一个月后2010年12月14日，我和副馆长刘小宁应邀出席由广州、高雄两地中山大学在广州联合举办的海峡两岸中山论坛，终于和皇甫江相会在羊城。我们到皇甫家做客，相谈甚欢，互赠书作，不但称兄道弟，还约好在总统府合作办展！

关于总统府馆名、定位及展陈的思考

一 馆名要科学，取舍要得当

1. 要突出品牌效应，展示历史文化底蕴

"南京中国近代史遗址博物馆(筹)"的名称，是经过专家、学者讨论后拟定的，应该说是理性的，是与总统府的内容相符的：这里发生过《南京条约》签定以来，直到中国人民解放军占领南京的许多重大历史事件。但是，通过10年来的实践，有些认识还是可以探讨的。如取名"近代史馆"，势必以历史线索的完整性为主旨，以大而全为构架；而在实际操作中，"近代史馆"名称的认知度并不高，无论是游客参观者，还是本馆职工，都以"总统府"相称。"总统府"三字已是妇孺皆知、耳熟能详，已成为一个象征，一个情结，一种文化，一个含金量极高的品牌！我想，若能以"总统府遗址博物馆"为馆名，虽然在展览内容上会有取舍，但是以重大事件为主，个性鲜明，印像突出，将会取得更好的效果！

2. 要因地制宜，利用好珍贵的遗址资源

总统府内的遗存，从明汉王府开始，有记载的历史就有600多年，两江总督署的历史有247年，近代史的内容只是其中的一小部分，可以说处处是典故，层层是故事。除门楼、子超楼、花厅、忘飞阁等著名的晚清、民国建筑外，现在还有许多六朝、明、清时代的遗址、遗物，如明朝正统年间的《嘉言》碑，极其珍贵的"黑左窑"瓦，顺治年间关帝武圣庙遗址和石碑，乾隆年间的"不系舟"和赐萨载、书麟碑，道光年间的《印心石屋》、《资江山水》碑以及朗廷佐、于成龙、尹继善等等许多人物的记载和传说，最近又在总统府东墙出土了六朝的城墙基础，都是超出"近代史"上限的，充满了人文魅力和精神内涵，忽视其珍贵的历史价值是可惜的！而用"总统府遗址博物馆"，是可以延伸展陈内容上限的。

3. 要遵循博物馆管理办法，力求事半功倍

馆名冠以"中国"二字是有严格要求的。2006年颁布的《博物馆管理办法》明确规定："博物馆一般不得冠以'中国'、'中华'、'国家'等字样（简称'中国'等字样）;特殊情况确需冠以'中国'等字样的，应由中央机构编制委员会办公室会同国务院文物行政部门审核同意。"今年3月份我们外出考察时，曾就此问题与复旦大学文博系教授、国家文物局专家库专家陆建松先生交谈，陆认为，根据《管理办法》，即使加上"南京"二字，"中国近代史遗址博物馆"的馆名，也不易得到批复。

在考察中我们了解到，杭州丝绸馆以一票之多力压苏州，争得"中国丝绸博物馆"冠名，其意义是不同的。历史上，江宁织造、苏州织造和杭州织造本是江南地方性的机构。仅从丝织行业来说，杭州可具代表性。而沈阳的"张氏帅府"因"金融馆"的纳入，目前也有改名为"辽宁近代史遗址博物馆"之意。我个人认为，如果总统府舍弃自身的特点或唯一性，为了求大求全，一意地去争取并不占优

势、却又与别人雷同或相近的馆名，并不是一个最佳的方案。

二 定位要准确，功能要完善

1. 要发挥好"博物馆景区"的双赢功能

总统府名为"南京中国近代史遗址博物馆"，同时也是一个著名的景区。目前，做为景区轰轰烈烈，作为博物馆有滋有味，体现出寓教于乐的良好功能，这是许多博物馆一直追求的。但是也出现一些值得注意的情况：同样一个"总统府"，在景区系统，2004年就被国家旅游局评为"AAAA"。而在文博界影响不大，鲜有参加相应的活动。相比而言，景区功能有更多的"外向性"，博物馆功能呈"内向性"；景区投入少见效快，博物馆投入大见效慢。俗话说"十年树木，百年树人"，要做到可持续发展，必须看到两种功能发展的不同曲线，在这个问题上要有前瞻性！

2. 要协调好总统府内展陈内容的轻重缓急

总统府是一个内容复杂、底蕴深厚的遗址，这里先后是清两江总督署、太平天国天王府、临时大总统府、北洋江苏都督府、督军署、日伪南京政权、国民政府、总统府。各个时期的建筑也相互杂陈。这就要求我们，既要学习清史，又要熟悉民国史；既要研究农民起义，又要了解民族资产阶级革命。从学习的规律来说，要想样样精通是很难做到的，但是通过努力一专多能是可以追求的。我个人认为，南京是民国史的中心，总统府的展览内容当以民国史为重。但是也要看到，目前民国史领域尚有它的敏感性，因此展陈内容的空间有限制。两江总督史虽然"遥远"了一些，但是曾经活跃过陶澍、林则徐、曾国藩、刘坤一、左宗棠等等一批历史上有影响的人物，并在今天积淀成为文化现象，特别是今年（2008年）4月4日国务院批准的第一个法定的清明节，在我馆内进行的陶林二公祠的祭祀活动，使沉寂的历史焕发出了为现实服务的青春，因此对这一块的关注会经久不衰。而一直以来既有很大研究空间，又没很好开发的则是孙中山临时大总统府这一段历史："民主共和"的发轫之地理应大书特书的！2012年是孙中山做临时大总统100周年，对此我们要有积极的思考和准备。

3. 要努力实现现代展陈和古代建筑的完美结合

新建设的博物馆，从一开始就会在地点、内容、建筑、空间、功能等方面作出通盘考虑。而在总统府里做展陈，不论内容是大题材，还是小场景；也不管你是声光电，还是复原陈列，都是不允许对原有古建做改变的。办展初期，我们对这一问题深感头痛、无可奈何，总有削足适履的难受。但是，经过10年的实践，现在我们不但在认识上有了突破，而且从实践中摸索出了一套办法，自觉如庖丁解牛、游刃有余，甚至希望多在古建中做展陈，以展示才华、一试身手！

进取无止境。总统府是南京的，也是全国的，要有志向将其做成世界一流。总统府有这个底蕴，我们更有这个责任。从事物的发展来说，"修旧如故"已不再是遗址馆的唯一标准，遗址馆不是守旧馆、破败馆，一定要有新的手段和元素，作为贯通历史和现实的桥梁。我们不但要勇于实践，还要做有心人，把在古建中做展陈时遇到的众多个案，提升为理论，为全国同类展馆保护古建、展示古建提供借鉴。

三 理念要领先，功夫要下足

1. 学习先进，立足自我，对立统一规律是实现优秀展陈的法宝

在全国众多的博物馆中，有许许多多精彩绝伦的展陈；在全国的博物馆人中，有无数杰出的文博人才。他们是我们认真学习的榜样，他们是我们虚心请教的老师。今年（2008年）3月下旬对华东地区10家博物馆的考察，给我们的布展带来了许多启发；和有关专家学者的交流、讨论，打开了我们的思路。但是，在学习先进的同时，我们要

有信心，要立足自我。凡是把成功的希望大半寄托在别人的帮助上都是不科学的。各家博物馆的成功有各家特定的环境和条件，这种特定的因素我们是无法模仿和克隆的，所以我们要学习的不是它的外表样子和具体做法，而是要领会它的内在精髓和理念。何况我们在总统府里做展陈工作10多年，对这里的砖瓦石木、历史掌故最为了解，舍我其谁！

2. 制定规划，扬长避短，要打好"横看成岭侧成峰"的组合拳

除了要做好淡季和旺季不同的展陈工作，也要利用好总统府内"冷区"和"热区"的资源，更要根据重大历史事件、纪念活动和节庆日做好相应的安排。相比而言，淡季要打好基础，旺季要多展示成果；总统府的中轴线和西花园游人较多，而东花园、行政院参观者较少。一度我们为东花园游人较少而思虑，其实大可不必。一是资源"轮休"是好事，今天的"冷区"或许就是明天的"热区"。现在国内许多著名的景区，为了实现对资源的可持续利用，还人为地分区实行轮休制，如黄山。二是"冷区"有"冷区"的作用。有的展览并不希望涌入过多的游人，如故宫的"珍宝馆"。目前办公区设在"冷区"正是闹中取静；而每月一次在行政院北楼多功能厅举办的专业知识讲座也是适得其所；正在运作之中的民国政要书画展，更是考虑到受众在欣赏这一内容时所需要的"宁静致远"。总统府就像是一首优美的乐曲，有急有缓、有张有弛。

3. 新老亮点，相映同辉，要点燃一支支燃烧不烬的文化火炬

在参观考察上海科技馆时，看见许多游人以能在亚太经济合作组织（APEC）会议领导人一一走过的红地毯上留影感到自豪。其实总统府里有许多这样的"自豪点"。除了传统的总统府门楼、孙中山就职处、蒋介石办公室、两江总督大堂等等外，还有现在重要领导亲临处、海峡对岸"破冰之旅"途经处、国际名要来访摄影处等等，更有潜在的亮点，如曾国藩下棋处、陈布雷办公室，如天京事变之广场，天王府藏珍阁等等，一一等待着我们去"擦亮"去"点燃"。老景点是金，不但不能"久入兰芝之室不闻其香"，而且还要让它闪亮出更大的光芒；新景点是银，不但要使其玉树临风，还要迎风响亮。金银满堂，事业辉煌！

关于近代遗址馆征集民国文物的思考

一 近代遗址馆在征集文物上有自身特点

1. 近代遗址馆大多藏品"先天不足"

近代遗址馆是博物馆中的一个重要门类，但在征集文物上却有两点不足，一是所要征集的文物年代虽然并不久远，但近代史上却是连年战争，社会生活不稳定，文物难以保存。二是建国后各种政治运动的冲击、特别是"文革"的破坏，人们没有文保意识，许多文物遭到毁坏。

近代遗址又可分为"革命斗争遗址"和"旧社会遗址"，两者在内容、手法、效果、作用、意义等方面有很大不同，这也反映在文物征集上。革命斗争文物的留存、保护相对较好，如中共一大会议遗址、八一南昌起义总指挥部旧址、皖南新四军军部旧址、延安王家坪遗址等等一大批革命斗争遗址，在当今爱国主义教育中发挥了巨大的作用，得到各级政府和全国人民的大力支持。许多馆还得到中央主要领导的题名。政府积极投资征集，藏者也主动提供展示，在征集文物上认识一致。

而"旧社会遗址"在建馆之初，不是被其他机构长期占用面目全非、就是一无所有空白重建，谈不上什么馆藏。如总统府，1949年蒋介石逃离大陆时，几乎把总统府内搬迁一空，只留下少数物件和桌椅家具。据笔者所知，全国其他同类遗址馆境况也差不多，有的到20世纪90年代还只是一片荒芜的空地。

"旧社会遗址"中的"民国遗址"，因其内容与现今社会联系较多，既有需要传承的一面，又有必须批判的一面，政策性强，相对敏感，在文物征集上比较复杂，大致可以分为以下几个层面：一是以孙中山临时大总统府、广东大元帅府、武昌起义督军府等遗址，以及黄埔军校、保定军校等具有反帝反封建意义为代表的遗址，其文物的征集是有进步意义的。二是以西安事变旧址、淞沪抗战纪念馆等为代表的抗战系列。因对国民党抗战已作了肯定，这部分遗址已被列为爱国主义教育基地。三是以南京总统府、沈阳张氏帅府，以及国民党将领故居为代表的民国时期中央机构、地方势力遗址。目前对这部分遗址的文物征集越来越具有理性的视角。可以看出近代遗址馆从无到有、从小到大，是改革开放、解放思想的产物，文物征集有个渐进过程。

2. 近代遗址馆向来"重保轻征"

近代遗址馆因地面遗存而辟建，又多为中国传统土木结构，"重保"是与生俱来、天经地义的。以南京总统府为例，建国后总统府建筑群被完整地接收下来，先后曾是军管会、文管会、政府机构、政协办公、部队驻军、工厂车间、民居院落等所在地。对于前一个王朝残留的房屋，新中国人民群众"借用"一下是不用客气的。但当政权建设稳定下来后，在物质条件达到一定程度，精神文化需求增大时，人们便认识到把像总统府这样的民国遗址辟为博物馆，比作为办公、工厂、居住等场所来使用要有意义得多。

安保和维护是遗址馆的两大任务。总统府内的木结构建筑占相当比例，这些建筑本身就是文物。在辟为博物馆开放之前，总统府就设有专门的安保队伍，负责大院的安全保护，常年在大院内巡查，防火、防盗、防破坏。制订有各项安保规章制度，适时召开各种专项安保会议，开展安保演习，配备安保器材，节假日还请公安部门派员配合，增加安保力量。每当维修或是出新一处古建，总是要根据文物保护法，制订计划书，召开建筑和历史等方面的专家论证会议；招标最有经验和资质的古建队伍，经有关部门和领导批准后方才动工。总统府的维修出新已超出一般的工程本身的意义，在经费上更是得到充分的保证。

遗址馆要确保"万无一失"，因为"一失万无"。长期"重保"养成了"上下一致"、"人人有责"的氛围。而征集文物还只是业务研究部门的事。研究人员深明安保工作的重要性；但其他同志有时候不一定理解征集文物的意义。当把大部分精力和财力投入到安保和维护上之后，再去征集让一般人"看不懂摸不透"、"可有可无"的文物时，难免会"举棋不定"、"左顾右盼"。

同时，由遗址建筑还派生出另一个对文物"轻征"的原因，那就是遗址馆一般都具有很大的景区成份，遗址的游览功能在景区层面上得到极大发挥。景区建设上马快、投资少、见效也快，何乐而不为；树立景区意识，完善景区功能，为游客服务无可非议！但往往会造成不征集文物遗址馆同样运作很好、新征文物会增加安保难度、还会"占据"景区经营场地的观念误区。

3. 近代遗址馆在征集文物上有很强的针对性

遗址原配文物具有画龙点睛的作用，是其他文物不可替代的，征集原配文物是遗址馆最高目标，在这点上有很强的针对性。但是征集原配文物难度很大。有了文物的清单不代表知道文物下落，知道文物下落不一定能把文物征集到手。1998年总统府遗址馆筹建之时，就成立了专门的文物征集小组，并在媒体上登载了征集总统府文物的广告。笔者曾看到一份解放初期军管会对总统府子超楼物品的接收清单。据此可以推断出子超楼各房间的名称和用途。如清单中记载"甲字第12号房间委员办公室"有八斗橱、圆桌及椅子10只等；"甲字第13号房间小会议厅"有大小沙发、茶几及椅子17只等。但子超楼各房间并没有标上甲字多少号和名称。我们通过实地察看，三楼东南边的房子较小，放置10只椅子较为合适，应是"12号房"；而三楼西南边的房间较大，可以放置17只椅子，应是"13号房"。史料还记载了1931年5月国民会议在宁召开时，班禅赠送给国民政府两件银质饰物：一件是大象，另一件是桃树。而在南京市房地产历史档案中，记载了蒋介石办公室里曾有一对曾国藩鸡血石印章、两串朝珠、一套线装的《曾文正公全集》等。但这些文物至今不知所归。

尽管困难重重，总统府一直致力于征集原配文物。如孙中山手书"天下为公"匾，原先挂在大堂上，"文革"期间不知去向，后一个偶然机会在朝天宫库房里找了回来。20世纪80年代为纪念辛亥革命70周年，江苏省委责成南京博物院负责恢复陈列孙中山临时大总统办公室和起居室。当年华侨赠送给孙中山的南洋瓷盆等文物就是那时征集的。而起居室前两只精美的圆雕汉白玉鱼缸，幸因部队拿去做养猪的食盆才得以保护下来。现在国民政府行政院南楼里有4只长沙发、8只单沙发，虽然不是原配，却是从同时期国民政府考试院旧址里调拨来的，也实属不易了。原配文物为研究总统府历史，仍至民国历史，提供了极好的资料，这正是原配文物的作用和魅力所在！

二 近代遗址馆要做好民国文物集藏索隐工作

1. 档案馆里有大量资料，但民国文物严禁外流

在专门的民国档案馆里，既有纸质文物也有实物文物。以南京第二历史档案馆为例，该馆有大量保存完好的民国文物。建国初期接收

了"中国国民党党史史料编纂委员会"和原"国史馆"所有的档案史料和其他资产，甚至原人员也予以留用。1951年又从广州、重庆等地收集、接收了大量的国民党政权机构档案，同时还接收了北京北洋政府的档案。因工作之需，我曾多次到该馆查阅资料，亲眼见到馆中文物、文献资料的浩繁。如孙中山任临时大总统，虽然时间只有三个月，其所形成的文书档案数量也不多，再经过后来的辗转散失，更是难得一见。但在该馆中就有100多卷，内中还有不少孙中山亲笔批示。如果能将这批原配文物陈列在孙中山临时大总统办公室里，让参观的人得以见到民主革命先行者的亲笔，那将是多么有意义的事情啊！

又如，1949年全国解放时，除一部分档案移往台湾外，国民党在南京建立政权后，22年中形成的庞大的档案都为二档馆所藏。共585个全宗130万卷。其中包括特务机关的档案26个全宗2万多卷，另有国民政府、五院及所属各部、会、财政、经济、资源、工矿、金融、贸易、文化教育等企事业众多机构的完整档案。几乎囊括了民国机构的所有档案。如果能把这些文物资料陈列在总统府蒋介石等人的办公室里，或是行政院的旧址里，同样是有意义的事情！虽然国家有明文规定，档案馆只提供查阅，"任何档案不得私自带出阅览室""不得擅自全文公布"。但是民国档案为我们征集民国文物提供了重要的资料，值得我们深入研究。

2. 综合性博物馆里藏品丰富，但民国文物不成主流

目前国内各大博物馆，有着极其珍贵的馆藏文物。以南京博物院为例，因其前身是民国时期国立中央博物院，馆藏极其珍贵。"七七事变"前，国民政府为防国宝落入日军之手，将北平故宫馆藏文物转移至南京，后又转至重庆。抗战胜利后，部分文物回迁至南京后就再没运回北京。南京博物院现有藏品44万件，仅次于北京和台湾两大博物院。又如，南京市博物馆（朝天宫）有馆藏十万余件，上溯远古，

下迄民国，具有很高的历史、艺术和科学价值，是南京历史的见证。在馆藏文物中，南京人头骨化石、青釉羽人纹盘口壶、青瓷莲花尊、王、谢家族墓志、青花萧何追韩信梅瓶、镶金托云龙纹玉带、渔翁戏荷琥珀杯等一批文物都是绝世珍宝。

但是应该看到，丰富的馆藏文物大多数是历朝历代的积累，民国时期的文物只是少部分。即使有一定数量的民国文物也得不到重视，一般的博物馆也难有适当的主题来展示，特别是涉及民国政治的主题。我曾因工作原因，与博物馆库房有过交往，亲眼见过和听说过藏品中有民国时期总统府用全套粉彩餐具、银制餐具、孙中山用怀表、各国驻华使节赠送给国民政府的精美礼品等等。根据文物法，文物是可以调拨借展的。如能在总统府举办此类文物展览，应是适得其所，物尽其用。

3. 民间收藏一片繁荣，但民国文物难以交流

目前收藏之风吹遍大江南北，媒体"寻宝"、"鉴宝"节目和收藏名家的讲座推波助澜，使得民间收藏的兴奋点落在"原先只花了很少的钱，现在已增值多少倍"上，本是传承文化的收藏事业，蒙上了金钱投机的商业色彩。"文革"时期无人敢留藏民国文物，民国文物遭到很大破坏。如今散落在民间的民国文物，一般档次不够、品相不好、价值不高。但在投机心理的驱使下，民间收藏者多以"奇货自居"、"天价待沽"；或者只愿意以高价出租借展，谋取重复的经济利益，与博物馆征集工作大相径庭，在出发点上就已经不同，双方几乎无法交流。曾有一位民间收藏者，来我馆展示一本民国票据，表示愿在"适当"的时候"捐赠"给我馆，但条件是为其孩子安排工作。另有一位收藏者，收藏民国将领的多幅照片，主动上门要求在我馆办展，条件是我馆为其出具该将领故居复原合法性证明。

也有一些台湾同胞和旅居国外的民国政要后人，家中尚留存有民国时期其先人的物件：或是生活日用品，或是手迹信札，有一定的

文物价值，倾注着他们的亲情。他们也期望为这些物件寻找一个好的归宿，但是由于对国内博物馆情况和接洽渠道不熟悉，对国内文保政策、特别是对民国文物政策理解不透彻，还处于观望犹豫中。这是近代遗址馆征集文物的新领域。

三 征集民国文物是近代遗址馆的当务之急

1. 要抓住当前征集民国文物的大好机遇

海峡两岸关系日趋密切，预示着民国文物的春天即将到来。文化上的交流，经济上的互通，都将把民国文物推向前台。近代遗址馆既要做好博物馆本职工作，走在征集民国文物大潮的前面，丰富馆藏；更应发挥近代遗址特有的"和谐"职能，为海峡两岸早日和平统一作出贡献。正因为征集民国文物还处于开拓阶段，有一定的难度，才会有一个原生"富矿"在等待着我们去开采。笔者认为目前征集民国文物有以下几个途径，并要注意解决好其中的问题：一、古玩市场的热点是"流行文物"的风向标。除了前面所述民国"官府文物"大都存封收藏在国家档案馆、综合博物馆里外，古玩市场里也有许多的民国的文告、报纸、钱币、地图、契约、旧书、勋章、照片、信件、书札及家具等。近年出现了假造的民国勋章，说明勋章有一定的需求。这是民国文物开始登场的前奏。二、拍卖会是文物价值的试金石。民国文物拍卖大多是艺术类，但近来也开始涉及"官府文物"，几家大的拍卖公司，正悄悄地把触角伸入这个领域。2008年11月在北京举行的影像(民国老照片)拍卖，一张1948年5月光华照像馆拍摄的"中华民国正副总统就职典礼"原版照片，成交价是12.8万。而单张的白崇禧、陈诚签名照，成交价是8000元。孙中山为记者陆丹林题写的"博爱"手迹去年以70万卖出；马君武的一个无印章的条幅，也竞争得异常激烈，最后以8万元落锤。笔者认为，拍卖公司起到了规范市场和引导作用，但附加了操作成本，要理性对待。三、接受个人捐赠要拒绝中介，合作对象要有一定的层次高度。中介有时会做出虚假的承诺，但当发现自己的要求达不到时，便抽身一走了之；也有收藏者既不捐赠、也不转让，频繁地与博物馆交往只是出于心理上的满足。

2. 要以展促征、以展吸捐，形成文物征集的良性循环

办好展览是最好的文物征集手段。一个好的展览就像一只号角，我们要办一个成功一个打响一个，让四面八方的文物收藏者闻讯来归。真诚的交往精神、畅通的双赢渠道、亲善的运作氛围、专业的组织部门、完备的法律程序、预期的影响效果和开明的领导作风等等，都会在一次次展览中体现出来，成为馆方的信誉资本，在征集文物中发挥出意想不到的作用。

遗址馆以原汁原味的建筑吸引观众。但原汁原味的建筑并不一定都适合现代展陈。遗址馆要在不损坏原有建筑结构的前提下，尽可能地配备先进的展陈硬件，让文物有个理想的环境和安全的保障；馆藏不是目的，发挥文物的作用才是我们的追求。在当前博物馆免费参观的情况下，我们要拓宽和综合博物馆合作办展的路子，让综合博物馆的文物和我们的近代遗址相得益彰。

总统府历次民国文物史料展的成功，吸引了海内外的眼光。得知我们正在"政务局楼"布展"民国政要文物捐赠展"，民国政要居正后人从澳大利亚和美国向我馆捐赠了居正珍贵文物118件。在展出的同时，我们还将所捐文物做成画册。此外，民国外交部长傅秉常的孙女傅绮华从英国来我馆捐赠了其祖父整套外交官行头。国民党警察创办人李士珍的后人来我馆赠送了大量的民国警察资料。而2008年10月在总统府礼堂与台北中华粥会合办的"民国政要手迹书札特展"共展出民国政要手迹书札383件，大获成功。受我馆诚意的感动，粥会方面在先期向我馆捐赠20件民国文物文献的基础上，又追加捐增21件。

3. 要培养民国文物鉴定队伍，人才是最重要的馆藏

民国文物与古代文物不尽相同，既有艺术价值，又有政治意义，有时政治意义超过艺术价值。民国文物鉴定工作刚刚起步。因近年文物造假成灾，有人大代表提出立法禁止文物造假。以前国家文物局只设书画、陶瓷、铜器、玉器、货币、杂项鉴定委员会，直到2005年才新增了"近现代历史文物组"。鉴定民国文物责任重大，时间紧迫。近代遗址馆的同志要有成为专家和权威的自信和勇气。

20世纪90年代初，广西北海有一位姓赵的作者，自称是原桂系将领，为全国政协和各地政协文史办写了许多回忆文章，文笔老道，书法遒劲，内容鲜活，其中涉及许多民国人物和文物，一时争相发表。总统府也收到他寄来的文章。但后来露出破绽，经查作者只是一个30岁左右的小青年，所写文章是看了大量的民国资料后造假而成。近年来也陆续有人煞有其事地给总统府送来"民国六年孙中山赠送给黄兴的铜墨盒"、"民国三十八年黄埔军校毕业证书"。这些造假因为太过拙劣很容易识破。

但是也有许多物件一时难以辨明。曾有一位老同志从外地寄来照片资料，自称有一架从总统府里流出的专为蒋介石治疗牙齿的机器。对此历史资料中有过记载。但此台机器的真伪一时无从判断。还有人持一证章，十年奔波，四处求证，自说是1912年孙中山任临时大总统时的亲物，近日还召开了有多位专家参加的鉴定会议，最后也难以确定。

我们要对历史负责，既不能"叶公好龙"让珍贵的文物流失，也不能"正龙拍虎"把假的说成真的。有少数媒体为了抢新闻，对一些物件轻率下定义，造成混乱。近代遗址馆之间要加强交流，经常进行文物征集、鉴定的观摩交流活动，互通信息、携手共进，共同打造民国文物鉴定人才库。要坚持真理，增强信心；要得到组织、上级部门和同志们的关心和指导，把民国文物征集工作做得更好。

近代遗址馆展陈实施中的十大流程

总结以往做展陈的经验，遗址馆展陈实施有其自身的特点，一般来说可分为立项、脚本、招标、设计、施工、外协、联调、监理、验收、结算等十大流程。

一 立 项

立项是展陈实施的正式开始，是对工程全面评估之后，达成共识的表现。但是进入立项程序有几种情况，一种是上级组织研究好的、决定了的，是主管部门下达的任务；或是某个重要活动的一部分，或是全盘计划中的一个步骤。对此，展陈实施人员要尽快领会该项目的意义，认真做好实施准备。1998年开始筹建的南京中国近代史遗址博物馆（总统府），是一个涉及到方方面面的大工程，在江苏省委的领导下，调动各相关部门，聚集了各方面的精英，很快立项了"清两江总督署史料展"、"洪秀全与天朝宫殿文物史料陈列" "总统府文物史料展"和"晚清与民国历史陈列展"。

但是，由上级组织立项的展陈，大多任务艰巨、责任重大、政策性强，有许多敏感的外延；对展陈效果、开展日期和开幕式等等环节都有着严格的要求，这对业务部门形成很大的压力。博物馆同行大都知道，2006年5月18日新首都博物馆开馆前一天，工作人员加紧收尾工作，半夜时分一直正常运行的扶手电梯突然停转，负责电梯的是位男同志，因为高度敬业、长期紧张，得知情况后他嚎啕大哭，这种濒溃状态旁人是很难体会到的！

另一种是负责展陈的业务人员，根据工作的实际情况，做好前期调研工作，提交可行性报告，做好领导的助手，自下而上提请立项。在遗址上实施的展陈，要申报文物管理部门，做好地下考古、地面规划、建筑绘图等工作。因为是业务部门主动提出的，在自已的工作节奏上，所以在心理上乐意承担和完成这项工作。但是，上级部门是否批准，等待批复的过程是"漫长"的。

二 脚 本

脚本一般由业主(甲方)来完成，也分为两种，一种是概念脚本，一种是操作脚本。前一种形成较早，有一定的格式，一般写有"坚持四项基本原则"、"进行爱国主义教育"、"发挥博物馆职能"、"在专家学者的论证下"等字样；有时候还要附上成本不低的三维彩图。向行政领导、理论专家、学者教授汇报时，脚本要有一定的高度，同时又要直观明了，但是这种脚本离实际操作尚有距离。

后一种脚本，是在前一种脚本基础上，由展陈人员仔细研究、不断深化。除了编撰前言、章节、标题、说明、后记和中英文对照等基本内容外，对脚本中的内容将要布置在哪个展厅、哪个空间、那块墙面等等，要有个大致的意向；需要突出的重点人物和事件、主次标题和图板，在脚本中也要有明确的交待。与概念脚本附上直观的三维彩图不同，随操作脚本附上的是预算表格，密密麻麻的预算项，只有专业人员才会仔细察看。

遗址馆脚本紧扣遗址建筑和历史，这是遗址馆的要求和职能，是遗址馆展陈的一个重要特点。遗址建筑是"骨"，遗址历史是"肉"，骨肉相连，不能分离。要忠于建筑原貌，一时难以考证的，待时机成熟再作完善；内容可以有所回避，但不能杜撰，要详细注释、记录在案。如"总统府文物史料陈列"，起初没有交待日军占领和汪伪政权时期的情况，抗战沦陷时的总统府历史成为空白。2007年改陈时，我们在脚本中加入了这段内容，不断还原遗址的历史。再如晚清"陶澍、林则徐二公祠"，原址在总统府对面，因市政搬迁将其移建在总统府内，尽管将拆下的砖瓦木石编号载册、按制复建、修旧如故，我们注明了它的"非遗址性"。

情况是不断变化的，脚本和预算也是不断完善的。一般脚本预算和最后决算是会有差别的，而遗址馆的预、决算往往差别更大，因为遗址建筑经过历史的沧桑，只有在打开表层之后，才能搞清它内部状况，有着更多不确定性。

三　招　标

遗址馆展陈招标是件欲速不达的事。起初来总统府投标的公司多达10数家，甚至有国外、香港的公司也来竞标。他们根据脚本，在限定的日期内，设计了各种奇思妙想、五花八门的标书，但是适用的很少。以前屡试不爽的创意和理念，在这里根本站不住。资历不深的公司几乎找不到北，一些在国际上获得设计大奖的人，也突然觉得自已发不出力了。

展陈属于艺术范畴，艺术追求的是个性鲜明、与众不同。对于思维活跃、大胆前卫的艺术家来说，现代博物馆就像是一张白纸，任其大笔挥洒；而沉默的遗址则像是一副"枷锁"：一是要求尊重历史，让他无法创作；二是要求保护遗址，让他难以发挥。特别像总统府这样的官府遗址，言必有出处，行必有根据。

其实，要想做出贴切遗址的标书自有门道，前提是对遗址充分了解。当你掌握了总统府的位置和面积，现存多少民国建筑、多少晚清遗存；哪些是孙中山临时政府用房，哪些是洪秀全天王府基础；建筑本身的结构、空间和相互的关系，它们有哪些历史变迁，曾经发生过哪些重大事件等等，你自然会胸有成竹；如果你是个有大局观的人，结合时政和热点，何愁不能把标书做得锦上添花！这时候，遗址非但不是"枷锁"，反而是个温柔的"少女"，任你梳妆打扮！

当然，要达到这个境界，没有个三五年时间来研究总统府是不可能的，许多公司无法承受这个投入，转而去找自己的"用武之地"了。能坚持下来的公司虽然不多，也不一定是大牌，但他们一心一意干事业，一心一意做文化，其主创人员在做技术的同时，几乎也成了晚清民国史的专家，所做标书既领会甲方的意图，又有很好的构想。

四　设　计

设计是十大流程中一个有趣的环节。如果说立项是拉开大幕、脚本是总谱、招标是过门，那么设计就是乐曲的华彩部分了。对于甲方来说，经过立项、脚本、招标，此时主要矛盾转移到了乙方。尤其是同一个内容可以有无限多的设计方案，比如一个人物的表现，可以是照片，可以是塑像，也可以是动漫；比如展板的材质、规格、位置和相互关系，都面临着选择。而选择总是让人"才下眉头又上心头"；且不论外行内行、半懂不懂的人都可以发表评论和意见。

公司设计人员研究了脚本后，会在现场仔细察看每一处细节，如柱式、横梁、窗型、台阶等等，根据脚本、现场、自身强项和时尚手法，当然还要考虑甲方的预算额度，来进行总体设计。

甲乙双方沟通得越好，乙方对脚本和现场研究得越透彻，设计就会越优秀。但我们也遇到过设计方案很好，却因对现场研究不透彻，设计无法实施的情况。比如，乙方曾经设计了一种轻盈的壁挂式平柜，它摒弃了传统落地式平柜在视线和心理上的拥堵，与环境和展陈非常融洽，但是当挂柜进场安装时才发现，老建筑的墙面沙石松脆，挂柜在墙体上很难生根，最后不得不进行改装。这种看上去很美的设计，不是好的设计。

甲乙双方经常会为不同的设计而相持不下。在做国民政府参谋本部展陈时，乙方设计了一个民国风格的水磨石地坪，中间是一个圆套着8只角的图形。有人认为反映国民政府的展览，应该是12只角，以符合青天白日旗上的图案。我的看法是：即然请乙方做设计，就要多尊重乙方，毕竟人家是专业的，人家有人家的道理，不妨多听听再看看，说不定过不了多久，你就恍然大悟了。艺术是可以探讨的，只要达到效果，不必固执和拘泥。

但是遇到原则性问题，是没有商量的。2011年是辛亥革命100周年纪念，我们在孙中山临时大总统府旧址，筹建了"孙中山与南京临时政府史料展"，起初展标做好时，是没有"史料展"三个字。偶然查阅材料，看见立项报告中，展名上是有这三个字的，后来也写入了正式文件。尽管后加上三个字后会影响设计效果，但是必须的！这叫"艺术服从原则"。展陈中设计了孙中山就职的场景，有画家满怀信心地按照现存大堂遗址绘制了背景。尽管绘制的透视效果极好，几乎以假乱真，殊不知1912年时的大堂是有背屏的，根本看不到大堂后面的景物，重画！这叫"创作不能违背史实！"

五 施 工

施工可以看作是乐曲的叙事部分，诸如三连音、切分音、反复、重音、渐弱、琶音等等复杂的技巧，需要静心演奏。

装饰工程公司的组织机构大至为董事长、总经理，下设人事、财务、设计、材料和现场管理等职能部门，人员相对稳定，按月领取工资，结算有分红。但是现场管理下的施工队伍则是松散的、互利的。本公司有活时接受本公司施工安排，无活时也会到别的公司旗下做活，或者待在家里。工人不直接从公司领取工资（个别工头例外，甚至有特别的津贴）。工人持有水、电等上岗证，但没有国家要求的公司资质，在设计、投标、材料、资金等方面必须依靠法人公司。成熟的装饰工程公司会有一支长期合作、相互理解、配合默契的施工队伍，在关键的时候顶得住、担得起。

展陈施工一般分为三个步骤：第一是构建基层，包括架设轻钢龙骨、封澳特板、上防火层、预埋管线、清理垃圾等；第二是表层处理，展板上墙、场景布置、展柜到位等；第三是外协联调，声光电控，校对更正、收边细作等。

在遗址上施工，从规模上来看，很像太平洋战争中的"蛙跳式越岛战术"。与新建博物馆有高大合理的空间不同，遗址建筑原先只是做为办公或是起居之用，空间不大，相互之间没有展线逻辑，也无法展开"大兵团作战"；往往是做好一处厢房，再继续另外一个花厅；布置了一条廊檐，再开辟一间楼阁。因此，在派活和工期上要充分考虑遗址的特点。

在遗址上施工有严格的文保要求。动火用电要提前申报批准、油漆酒精不得现场存放过夜，特别是材料进场、垃圾清理一定是在晚间进行。只要开工，甲方人员就要和乙方施工人员一起全程值守在现场，既是为了协调解决可能出现的各种问题，也是监督工人按章办事，不得违规操作，往往是彻夜不眠！

一个经验丰富的现场管理对施工至关重要。首先要根据遗址的状况，分清轻重缓急，如，先粉刷墙面再油漆地板，这样不会把涂料滴在地板上。但往往事情不按计划进行，空调机比预订迟来了一个月，预留的机位或是出风口大小不适合，安装工人呼拉拉地在墙上拉开个大口子，扑拉拉的石灰撒了一地，把油漆没干的地板搞成大花脸。此时油漆工已转战另一处工地，为了补救安装空调造成的污损，虽然面积不大，也只好把所有工序重来一遍。其次要坚决果断：下半夜展品进场时，搬运工人早就昏昏欲睡、精神疲软，此时不能像平常一样向上级请示，而是要当机立断拿出办法，把事情搞定。三要细心周到，在施工的同时，就要安排好结束时的卫生清扫。许多遗址博物馆夜间施工一片繁忙，天亮时一点痕迹也看不出来，照常向观众开放！

六　外　协

对于甲乙双方来说，外协像是乐曲中的休止符，既是空白停顿也是音乐的一部分，有时更像是一个失去控制的"外层空间"。

设计方案确定后，除了安排现场施工，乙方还要调研市场、联系外协、签订合同。如，轻钢龙骨、密度板等本地建材市场就有，而灯具电缆一般是从南方进货，石材基座沿海生产的多，电子多媒体设备偏好华东地区的产品，硅胶塑像从普通到特型有各种档次，影像视频、配音傍白要找艺术团体帮助完成，名家名作订制更要作为专项。这些信息和关系是乙方长期积累的财富！

与外协签订合同后，一段时间内乙方显得踌躇满志。随着合同到期，大部分订单陆续兑现，看着运送展品的车辆进进出出，犹如渔船满载归来，心花怒放！但是也有少部分订单迟迟不到，催促了多次之后，仍然没有准信。看看时间要过底线，乙方开始往外协公司跑，美妙的放松期就此结束；甲方也严肃起来，反复告诫乙方此次展览的重要性和违约的严重后果。说的次数多了，乙方竟然不到现场露面了！

甲方着急，乙方更急。一个好的公司，在长期的打拼中，有稳定、放心的外协，即使不能及时完成订单，也会提前沟通，提出变通的办法。最让人害怕的是完不成订单，事先也不和你通气，到时候连补救的时间和机会也没有。

"孙中山与南京临时政府史料展"中订制了一座 "共和钟"，钢制的表盘每转动一圈，上面的 "1912" 四个数字便组合在一起，稍后再转动散开。此钟有一个石材底座，高1米，直径1.3米，有一吨多重，石座合同到期后，我们电话催得的天昏地暗，对方一会说明天到、一会说后天到，可是大后天也不见到。终于在8月15日那天到了，当天晚上月亮事不关己地挂在天上。因为遗址内道路窄小，货车无法通行，我们调来一辆小型铲车。聚光灯下，树影婆娑，众人随在车后，心惊胆颤地用竹杠将石座移来倒去，不到100米的距离走了大半夜。到了次日安装时，却发现对方把底座尺寸做错了。因为表盘是个斜面，切割有一定的难度。忙活了一夜，却是个废品。退货赶制，直到9月28日，开幕式前一天晚上才安装好！

展陈似乎有个俗例：上半年迟迟立不了项，下半年立项后拼命赶工期。打图任务都挤在一起，操作工连续加夜班，机器打得发烫。乙方派人守在机器旁，整天不敢离开，生怕稍离开一会，让别的客户插上。中午时分说要请打图工吃饭，他困得不理人，往沙发上一倒就睡着了。此时乙方比我甲方还要着急，不在现场露面是去对方公司紧盯了。我对其不再催逼，反而好言相慰。后来展陈大功告成，我们都庆幸这期间的相互理解和通力合作！

七　联　调

联调是盛大的交响乐，意味着施工即将完成，接下来是"见证奇迹"的时候。所有展陈是否组成为一个有机的系统，发挥出最大的性价比，联调起着重要的作用。

"孙中山与南京临时政府史料展"联调时，领导反复交待要把好这一关，并举例前不久为纪念活动，有关方面进行预演，方方面面、各个环节都有考虑。印像深刻的是会场上身着统一服装的年轻女服务员，同时出场、同步入席、同时左手持茶杯右手提水瓶为代表们续水。就在人们赞叹风景亮丽、训练有素时！主持人一声："全体起立，奏乐！"哗啦啦地都站了起来。可是乐曲始终没有播放出来：偏偏忘了带碟片来！

孙中山就职场景的背景音乐是《马赛曲》，无论如何不能犯同样的错误！9月14日是预审的前一天，原先播放正常的音响突然没声了，惊出一身冷汗。调试后发现是录入曲目的mp3没电了，于是指派专人负责充电，并于次日一大早装配好。次日上午领导和专家到现场预审，在孙中山就职场景前停留了好一会。本以为决不会出差错的《马赛曲》却始终没有响起。事后查找原因，mp3的电是充满了，也装配好了，但是却忘了设置"循环程序"，乐曲只唱了一遍，在领导和专家到来前停止了！可见音响师是一个专业行当，随着展陈的多样化，他的作用是不可忽视的。

"孙展"开展前还有几处大的调整：一是第三厅的"电报墙"，原先是将十余份复制的南京临时政府电报装裱在镜框里，嵌镶在墙面上，虽然显示出历史的深邃，却少了些革命的气势！根据预审提出的意见，众人一阵"手忙脚乱"，连夜改为满墙电报。

展陈中不能没有亮点，但是同一展厅中亮点太多，有时也会互相影响，反而减弱了亮度。"孙展"中有一组生动的"剪辫子"人物塑像，原先与电报墙陈列在同一展厅中。联调时考虑到亮点重复，遂移至下一展厅。孙中山一直大力提倡移风易俗，展陈中将这一组塑像后移，并不违背历史事件的顺序。

八　监　理

监理在展陈实施过程中就像是乐队的定音鼓，着重于乐曲的节奏构造，它总是在关键时刻击打出清晰的声音！关于监理的概念，通常是：促使工程承包合同得到全面履行，控制投资、工期、质量；进行安全、合同管理；协调有关单位之间的工作关系，即"三控、两管、一协调"。

我曾先后与多家监理公司合作。1998年夏天，负责筹办"清两江总督署史料展"，初次接触监理。本以为作为甲方主动上门，对方一定会热情相迎，谁知当我冒着酷暑、挥汗如雨地找到城北一家监理公司，对方得知我们的工程预算不到50万元时，立马表示拒绝，因为他们做的都是几千万元的大工程。这是遗址建筑展陈面积不大、采用"蛙跳式越岛战术"施工，在监理工作上的延伸反应。

我又去了新建的"江苏省妇女儿童活动中心"等单位，了解工程质量和监理运作情况。后来组织上根据实际情况，将"两江展"和馆内其他展陈合在一起，请了陈工为监理；再后来为筹办"晚清与民国历史陈列"、"孙中山与南京临时政府史料展"等展陈，又和多家监理公司有过合作。

从实际情况来看，监理在展陈实施中起到了良好的作用。因为工程量不大，对于陈工来说不是太难事，有时他爬到房梁上去察看天都达公司的作业情况，记录在案。第二位监理比较年轻，是位女同志，同时监理别处工程，经常赶来赶去，但从不马虎。有一次施工方无意中剪断了总统府内的集束电话线，她立马监督停工，修复后才让开工。第三位潘工对工程进展情况了如指掌，能够随口报出乙方在展陈中所用钉子的型号。

但是，遗址博物馆展陈的监理，仅仅是保证合同方案的落实和施工安全是不够的，更要有文保为先的法规意识。2011年，在总统府东花园施工作业时，曾在地下1米深处，偶然发掘出晚清两江总督署的外廊走道，太平天国天王府的柱础、条石、出水口，和民国时期遗留物。幸得监理现场及时阻止土方回填和向有关方报告，虽然暂缓了施工，但这一对研究总统府遗址建筑有重要作用的多层遗迹却呈现出来。

在维修子超楼前花坛遗址时，有许多明朝的城墙砖混杂在渣土中，如果按常规就会作为垃圾，晚上用车运走处理了。幸有监理及时收集、保护。总统府先后收集了2000多块明城砖送到南京城垣博物馆。这些偶发事件，事先是不可能写进监理合同的。

目前监理制度还不够完善，也没有专门对口遗址博物馆展陈的监理。对此业内有所描述：1. 仅仅是施工阶段的监理，还没有设计阶段的监理；2. 质量监督部门仍在实行微观工程管理，监理取代微观工程管理职能的初衷没有实现；3. 甲方只是出于对法律的敷衍，而仅仅授权监理单位进行程序性的监理；4. 由于行政条块管理，工程咨询单位与工程监理单位的业务出现重叠，两家分工合作，造成监理不可能覆盖全过程。5. 遗址博物馆项目建设的特殊性。

九　验　收

展陈竣工必需验收。甲方会同设计、施工、外协、监理、环保、消防和文物管理等部门，对该项目是否符合要求，进行全面检验，取得竣工合格资料、数据和凭证。如果说监理侧重的是合同项目的完成，那么验收则是检察项目的质量。验收具有音乐中校正音质、音准的意味。

除了一般的工程要求和其他博物馆的标准，遗址博物馆有自身的情况。比如现代博物馆要求主要参观线路实行无障碍通道，而遗址建筑讲究的是"曲经通幽处"，越是"崎岖"越是引人入胜，如果按照现代参观标准将门槛、台阶改铺为平坦大路，反而大煞风景；遗址建筑内的缓冲区域、洗手间、甚至停车场的面积和数量往往也是达不到现代博物馆要求的；而空调的安装，为了尽量减少对建筑和视觉的破坏，有时不得不加长管线，或者放置在不正确的位置，这样一来就达不到标配的效果；展柜的恒温恒湿装置也是一个棘手的事情，由于遗址建筑房屋分散，有时无法做到集中监控，若要一组一组的监测，以防恒控故障或是积水漫溢，则要耗费太多的人工，不停地到现场巡查，失去了机控的初衷。灯槽管线大多穿管外挂，穿管颜色尽量靠近墙体颜色；虽然说必要时可以保留古建的外貌而改建内部，但大规模的吊顶装饰和埋墙式隐蔽工程几乎是奢谈；有时场景材质符合了文保防火要求，却又忽略了环保吸入的标准，等等。

遗址展陈的验收，是一个极富挑战的课题。在要求乙方熟悉遗址历史和现状，投标、设计、施工一切从遗址实际出发的情况下，验收方同样也要熟悉遗址、研究遗址；不能招标施工时按特殊要求，验收、结算时却是生搬硬套一般的条文。验收方要技高一筹、明察秋毫，清楚地分辨出哪些是质量问题，哪些是需要考量的遗址特点。即使是遗址特点，验收时也不是一味地放任，而是提出前瞻的理念和后续的方案，在变通验收手段的同时，保证展陈质量万无一失！

十　结　算

结算是指乙方按照展陈实施合同和已完成作业量，向甲方提出工程价清算。甲方根据监理对项目的核准、验收对质量的认证，再经过价格审计，向乙方支付相应的工程款。如果展陈实施周期较长，耗用资金数大，为使乙方在实施中资金及时得到补偿，一般会进行进度款结算、年终结算和竣工结算。

我不想过多叙述会计科目中关于结算的一般概念，只是想根据展陈实施中遇到的案例，分析一下遗址馆展陈结算时的问题。遗址博物馆展陈的结算，一般因遗址建筑面积不大和原貌的不容更改性，而不会有太大的机械工作量；但是审计、结算人员和乙方之间，在展陈的技术指标、艺术含量和各项定额上，有着很大的认识差别。

遗址博物馆是一个充满特定历史时期政治、文化、艺术气息的艺术殿堂。在立项、设计、招标、施工时，包括建成后的开放、管理等方面，都有明确的文化历史层面要求和标准，若是达不到这个要求和标准，该遗址博物馆将是定位不准、失去观众。但是，目前唯独没有专门适用遗址博物馆展陈的审计要求和标准，许多情况下结算需要"模糊协商"，这往往造成审计、结算的难度；"公说公有理，婆说婆有理"，甚至争论得脸红脖子粗。比如，遗址馆展陈中需要一盏晚清样式的电气灯、或是一台民国风格的吊扇，虽然用料不多，但它是专门订制的或是征集来的，这就无法按照一般的"按制作成本加管理费、利润组价"的做法；制作同一个历史人物的硅胶像，由不同的艺术家来创作，其费用是大不相同的。

遗址展陈是特定要求下的艺术创作。它个性鲜明又飘忽不定，总是出乎常规审计标准之外，很难将之与其他类比，给结算造成很大的"麻烦"。但是，既然观众走进博物馆的动力，正是源自对特定气息的追求，我期望展陈中有更多这样的"麻烦"！因为这样的"麻烦"，正是当今文化大发展形势下，将博物馆事业不断推向前行的动力！从这一点来看，结算很像是乐曲的调式。

近代遗址馆展陈实施中的十大关系

展陈实施的过程就是解决矛盾的过程,矛盾解决了,展览也就成功了。近代遗址馆展陈实施有其自身规律,一般来说有行政和业务、甲方和乙方、展陈和学术、复原和艺术、古建和光效、逻辑和零散、本展和临展、文博和旅游、淡季和旺季、开放和保护等十大关系,处理好这十大关系,解决好十大矛盾,便为展览成功奠定了基础。

一 行政和业务的关系

自从产生国家以来,就有了行政管理。行政管理是运用国家权力对社会事务进行管理的活动,当然也包括对博物馆展陈实施的管理。业务泛指各行各业中需要处理的事务,博物馆展陈业务就是把抽象概念转化成视听表象的一种事务。

凡近代遗址辟为博物馆一定有其重要原因,要么具有较高的文化艺术价值,要么传承着深厚的人文历史情感;或者是政府重点文物保护单位,或者是政要、名人的故居。保护遗址建筑、发挥社教功能是遗址博物馆的的基本宗旨，在这一点上，行政管理部门和展陈业务人员是高度共识的。

孙中山纪念地举行的联谊会和交流展，体现了这一共识。此项活动是1989年南京总统府大院管理处、南京中山陵园管理处、上海孙中山故居管理处共同发起，至2012年新加坡晚晴园主办，已历经了23届。经过共同努力，在南京、北京、上海、广东、广西、湖北和台湾等孙中山生前足迹所到之处，形成了年会和交流展约定。各地遗址纪念馆行政上早早列入工作计划，展陈上力求有新的内容和手法，大力宣传中山先生伟迹，展现本馆最新成果。2011年我受组织委派，参加了在马来西亚槟城举行的22届年会和交流展，感受了主办方的重视和热情，看到了国内外许多纪念地送去的展览。

但是因为职能不同、视角不同，也因为遗址本身具有多重性，有时行政和业务对展陈关注的层面有所不同。行政管理强调的是计划、组织、协调和控制等；展陈业务追求的是变化、个性、张扬和效果等。从业务来说，如果展陈手法重复便是江郎才尽，业务人员会觉得自己平庸而羞愧；从行政来看，管理不到位便是玩忽职守，行政人员唯恐疏漏而过虑。由此产生寻求突破和力求掌控的矛盾。

2012年3月，我馆与广西师大出版社签订了在总统府举办"白崇禧与近代中国图片史料展"和召开"白崇禧学术座谈会"的合同，确定了各项细节和双方责权。届时白先勇先生还将现场签名售书"父亲与民国——白崇禧将军身影集"。虽然是一次学术业务活动，但始终遵守着行政上的规范管理。开幕式原订于2012年4月17日上午10时，因书籍出版批复推迟，改在一周之后；在参加开幕式嘉宾名单上，原先提名有网络媒体、民间团体、个人代表等，也因活动的严肃性而将之婉谢；特别是展览和座谈会的名称，是几经修改，经报行政批复后才予发布的。

二　甲方和乙方的关系

不能简单地看作是业主和雇佣关系，也不只是我提要求、你来实施。甲方要有明确的主题目标和展效谋求，在尊重乙方经验和付出的同时，要主导乙方的设计和实施；乙方的智慧和实施很大程度上决定了展陈的成效，但更多的是要消化甲方的意图、适应遗址的要求，而不是恣意地发挥自己的擅长。

遗址建筑和遗址的历史，是乙方装饰设计公司必须翻越的大"山"。开始时大多"不识庐山真面目"，无从下手；比起其他非遗址上的展陈，乙方多了一项学习历史和研究建筑的功课。而一但登顶，掌握了遗址的本质和特性，便是"无限风光在险峰"！

近代遗址馆大多筹建于开革开放之后，展陈设计装饰公司也在此时应运而生。没有成功先列，没有经验积累，衡量展陈的好坏，往往以古建保护状况为标准，而所谓古建保护大多是机械地维持现状。在此导向下，遗址和展陈是分离的，乙方在展陈上很难发挥，只是做些简单、浅表的工作。

1998年南京总统府做"清两江总督署史料展"时，乙方因为不熟悉历史，在设计方案中把人物的主次、事件的轻重、线索的先后弄得混乱颠倒。几乎全由甲方告诉乙方该如何做。由此引发我对甲乙双方关系的思考。应该看到，既做题纲，又做设计，貌似复合性人才，但事事亲为，效率难免不高；尽管认真负责，既为甲方，又做乙方，简单的展陈可以对付，但难有进一步的作为。

2000年以后，经过几次展陈实践，南京百会装饰设计公司脱颖而出，表现出对遗址展陈认识的正确方向和初步演绎。在做"总统府文物史料陈列"、"孙中山与南京临时政府展料展"和"行政院文物史料陈列"等展陈时，其设计方案基本表达了甲方的意图；偶有甲方题纲交待不详，或是史料薄弱之处，也能主动提出见解、采取补救，让甲方大为省心！

这样的乙方是受甲方欢迎的，但是也有问题。第一个问题是招标时，对遗址不熟悉的公司不可能入围，而入围的公司又多是老面孔。对于这样的招标，甲方既觉得场面索然无味，也有背招标选优的初衷和鼓励创新的精神。第二个问题是遗址的面貌和历史是不变的，但展陈方案和手法是可以变化无穷的，要防止乙方中标后"一招鲜吃遍天"一劳永逸、手法老旧的问题。缺乏竞争、后继无人是令人担忧的。

三　展陈和学术的关系

好的展陈需要学术支撑，学术成果也要通过展陈来传播。这实际上是形式和内容的关系，只不过是这对关系中核心部分。展陈是陈设排列的简称，手法通常有文字、图片、表格、实物、展柜、场景、音响、灯光、视频、互动、多媒体等等。学术是指系统专门的学问，是对存在物及其规律的学科化论证；而应用在展陈中的学术，更是类似于物理架构的承重部分。

通俗地说，展陈就是"讲故事"，用展览的语汇把抽象的事情从视听的角度表达出来。在遗址上讲故事，要有专门的"转换系统"。有的故事很好讲，也很好听；有的不好讲，但讲出来就很好听；有的很好讲，却不一定好听；有的听了过后就忘了，有的长久记在心中！长久记在心中的故事是有思想的故事，有思想的故事源自于学术！

把不好讲的故事讲出来，是值得尊重的。往往学术性越强，展陈起来就越难。当参观"清两江总督署史料展"的人们热衷于谈论两江总督趣闻轶事，或是辨认文武品级补服仪杖时，我却感觉是对观众的一种误导。作为封疆大吏，两江总督不应给人以"时装表演"和饭后谈资的角色。其"修饬封疆，厘治三省"、"总督两江等处地方提督军务、粮饷、操江、统辖南河事务"才是向观众重点介绍的内容。于是增加有学术意味的《两江地方行政建制表》、《两江地方军事建制表》、《江南分省步骤表》、《两江赋银漕运比例表》等。改陈后的"总统府文物史料展"中，具有学术态度的是增加了南京沦陷时期，日军占领总统府、汪伪政权机构的内容；以前展陈中回避此部分，历史讲述到此曾出现缺失。而文物的学术价值在展陈中是极其重要的，"虎头骨双象牙红木底座摆件"是泰国政府赠送给国民政府的礼物，上面刻有"中华民国国民政府主席蒋　赐存　河山并存　日月齐光暹罗政府赠送赈米代表刘汉华　刘焜　谨献"等字样，直观地反映了当时的灾情、中泰两国关系和文物材质的地域特征等等。

学术性的内容在展陈中往往采取直观、简洁的做法，以突出主题。我曾在天津蜡像制作大师尔保瑞的工作室里，看见他制作的许多伟人、名人的头像，我邀请他在总统府做一次展览。在场有人觉得这些头像只是白坯，既没植发，也没着色，不过是半成品。但尔先生却很认同："刘部长说的有道理，其实，这样的头像更有学术性！"有时，人们不但要知其然，还要知其所以然。

这里，我想说一下学会、大专院校文博专业和博物馆的关系。有不少学会、文博专业挂靠在博物馆。学会、文博专业是学术的组织，博物馆是展陈的主体，两者对应着展陈和学术的关系。博物馆作为学会、文博专业的挂靠机构，提供活动平台，学会和文博专业也应该为展陈提供及时的研究成果。

四　复原和艺术的关系

复原和艺术的关系，似乎与展陈和学术的关系雷同，但细想一下，是有区别的：复原是回归，多为减法，展陈是表达，多为加法；

艺术是手法，学术是想法。

人们参观遗址，总是想透过复原看到过去、了解历史、把握现在、放眼未来。我们常说历史是现实的镜子，两者有着千丝万缕的联系。复原就是要在历史和现实之间架起桥梁，让人们穿越时空，一揽真相。那么，遗址的真实是什么样子，复原（架桥）工作（艺术）就显得太重要了！

复原当属展陈范畴，是特指在遗址上的展陈。遗址展陈的最高境界是尽可能地接近原貌，但并非倒退到原状。看上去是减法，其实是"不知不觉"中的加法，这种"障眼法"便是"艺术"。比如，复原孙中山临时大总统办公室，根据历史图片和史料记载，我们删繁就简布置了总长会议室、小会议室、临时休息室和办公室，同时在会议室和办公室墙上分别悬挂了五色旗和"临时大总统誓词"，既营造了历史氛围，也点睛出资产阶级民主共和政权性质，观众对此完全接受。实际上孙中山对五色旗持保留态度，也不可能在办公室里挂着自已的就职誓词。这样的复原有着严肃的导向意义。

复原做为一种手法，有时可以迎合观众。如沈阳金融博物馆，在民国时期边业银业大厅旧址里，陈列了85个真人同比的蜡像，有的在柜台交易，有的在附耳交谈，有的引项排队，有的驻足观望，神态逼真，现场感强烈，特别是允许观众步入其间，一时真假难辨！又如总统府东花园马厩，曾是国民政府军乐队宿舍，复原后在桌上、椅上、床上、书架上到处摆放着铜管乐器，好像是乐队人员排练完毕刚刚散去。人们很愿意看到这样的场面，因为它营造出了贴切的氛围。

有时候复原的工程量并不大，抉择却很难，如总统府礼堂。人们通过影视资料等途经，对1948年5月蒋介石、李宗仁当选正副总统，在台上宣誓的情景印像深刻。但岂不知，这个场景其实是在国民大会堂，并非是总统府礼堂。民国时期总统府礼堂曾有过几次改造：1931年召开编遣会议时，有军政要人在此合影，当时是以晚清两江总督署的花厅为礼堂。后来国民政府对花厅进行了改造，在此召开总理纪念周活动和接见外国使节，有照片和文字描述，改造后礼堂的主席台只是一个低矮的平台，平台向北的背面是一排明窗，可以看见外面的天空。我们今天看到的总统府礼堂主席台，和后面增加的演员化妆间、休息室、过道等，都是建国后因为汇演需要而增加的。

民国时期国民大会堂的主席台和建国后改造的总统府礼堂主席台两者样子很相似，如果维持建国后改造的总统府礼堂主席台，很多时候会让观众误以为这就是1948年总统宣誓就职的地方。但如果进行复原，就会遇到选择历史上哪一个时期（或节点）的礼堂的问题。除了主席台不同，还有暖气管道、吊顶、彩绘、立柱、地砖、墙面等等方面都需要权衡！

不管是导向性复原、迎合性复原，还是选择性复原，都离不开艺术的手法。导向性复原要做得"不动声色"，迎合性复原要做得"似曾相识"，而选择性复原既要遵守"修旧如故"的原则，更要有"古为今用"的考量！

五　古建和光效的关系

在遗址展陈中，光效是最生动、最激情，也是最复杂、最有挑战的部分。这源于空间的非功能性和目标的换位性：即古建不具备现代展厅空间条件和遗址展示目标由个体扩大为面的变化。目前来看，遗址馆展陈对光效的追求经历了三个阶段。

一是隧道封闭式。近代遗址馆大多起步较晚，组织上、理念上，当然包括展陈上，基本是向所在地的省博物馆学习。因为遗址以前处于神秘之中，开放后观众能够深入腹地就大为满足了，对展陈水平的要求并不强烈。但是我们却发现：为何展板、灯光做得几乎一样，却达不到省博的光效？答案是：展陈的空间大小不同，展柜里的展品等级不同。省博现代化展厅高大舒适，藏品文物贵为全省之首；而古建原先并不是作为展厅而建，大多是办公室、起居室，做上基层、装上吊顶和用展板遮挡门窗后，空间就更加狭窄、压抑；加之文物数量不多，灯源的数量也相应较少，整个展室看上去像是昏暗的隧道。很长一段时间里，我们饱受古建束缚之烦恼。

二是天窗亮话式。终于有一天，我们突然明白过来，一直被看作是"短板"的古建，其实是一只金饭碗，这么多年来，我们把金饭碗外表上糊了泥巴，现在是到了洗去泥巴的时候了！遗址馆没有现代高大的展厅，但有"真山真水"的建筑；没有太多的文物藏品，但有发生在这里的历历往事。古建是遗址馆最珍贵的文物！我们要把古建的每一处细节都充分展示出来，这些历史的细节是其他博物馆没有的。于是拆除展板、基层，打开门窗、过道，让自然光倾泻而入，观众们欣喜地看到门框上的线条、窗格上的花纹、墙面上的壁橱、天花上的吊灯，到处都散发着那个时代的气息！遗址馆就此步入自信阶段。

三是虚实相间式。在开放的空间里做光效，要比在封闭的室内难得多。遗址展陈的目标发生了转换，从原来放置柜中文物的一个点转换成了整个古建的面。古建的优势突出了，但光效却减弱了。因为视觉中的一个亮点，远比没有层次的整个光面要印像强烈得多。自然光"统治"下的展陈虽然"真相大白"，但未免过于"直白"，遇到天阴雨雪还会显得"苍白"。我们认识到，古建需要充分展示，但充分不一定精彩；光效需要人为，人为要有所作为。

光效是一种切身感受，具有心理学的意义。观赏某件文物时，要静下心来，摒弃身边的干扰，在思想上穿越时空，与文物对话、作心灵交流。这时在光效上暗淡身边的一切景物，有利于进入这种状态。这种光效是我们在综合博物馆里常见的做法。虽然在遗址古建上不提倡做封闭展陈，但也可以根据需要适当调整。比如我们参观故宫时，就曾在东边的偏殿里看见封闭式文物展，展室内一片漆黑，只有文物呈现在无影射灯下，如梦如幻，感觉好极了！这是有条件的遗址馆，在保证中轴线主要古建不作改变，同时改变行为可逆的前提下，提高文物展陈光效的一种做法。

条件一般的遗址馆，同样可以把光效做得出彩。我曾在昆明讲武堂遗址馆，看见一个表现"五次秘密会议"的场景：一扇窗户的窗纸后面，有几个戴着大檐帽、穿着军装、晃动着的身影，配合着画外音乐，显然他们情绪激昂，正在商议军事行动。这是把古建做为情景一部分而制作的光效。我为讲武堂历史上的热血英烈们所感动，也对这个成本不高、制作简单但光效极好的设计充满尊敬！

六　逻辑和零散的关系

中国传统衙署建筑有着严格的规制，中轴线从前往后，依次是大堂、二堂、三堂、寝房等，左右对称是东西朝房、耳房、厢房、偏房等，或者后花园、或者前碑廊；到了民国时期，建筑同样有着鲜明的价值取向和民族特征，以传达执政者的理念和向往。

建筑风格和时代精神是相互呼应的，建筑设计和使用空间有着匹配关系，遵循着特定的政治逻辑或者宗法逻辑。但是社会变革后，古建辟为博物馆，原先故作神秘和崇高的内宫、密室，成了人们参观的场所。时代精神发生了变化，使用空间不再匹配，便会在许多方面引起矛盾，具体到展陈实施中，便是逻辑和零散的矛盾。体现在三个方面：

首先是展线逻辑和古建位置不关联的矛盾，即空间零散。任何展览都要有一个依次推进的路线，遗址上的展陈也不列外。依次推进的路线具有逻辑性，与观众的读取习惯和思维模式相吻合，从而接受展陈讲述并追循它的发展。而偏偏不具备依次推进空间的正是我们的古建。曾经的错落有致，在展陈空间上便是紊乱无序；单体大屋顶建筑，从正门穿堂而过，接下来却是散点对应的回廊、厢房或花厅等。

建筑空间不依次推进就没有逻辑可循吗？我想起西方乐器中的小提琴、小号，它们擅长表现行云流水般的乐曲；而我们的传统乐器瑟琶、扬琴发声是颗粒状的，同样演奏出极富感染力的乐章。关键是找出内在规律、扬长辟短，必要时辅以现代指示手段，遗址展陈是可以解决好这一矛盾的。

其次是题纲逻辑和支撑素材不对称的矛盾，即内容零散。虽然现代博物馆同样面临这样的矛盾，但远不如遗址馆上的突出。在文献、文物都很少的情况下，要满足题纲逻辑的要求，表现出连贯的内容，就要有变通的办法。比如在展厅中做一个主题场景或是模型。新建的南京江宁博物馆有一个"3D"影视厅，把淝水之战从枯燥的文字介绍中解放出来，表现得有声有色有触觉，观众仿佛身临其境，效果很好。

但是遗址展陈要求紧扣遗址，往往素材极不平衡。素材丰富时，可以做出许多亮点。比如介绍国民政府国务会议职能时，除了国民政府相关法规文献、会议记录，我们还可以根据当时的老照片，复原总统府子超楼三楼国务会议厅家具式样和摆设位置，可以注明会议中人物的姓名和简历，可以突出天花上的法式玻璃吊灯和正中墙壁上"忠孝仁爱信义和平"匾额等等。

素材不够时，只能是浮光掠影。比如，对国民政府行政院南楼东西两头大房间用途情况尚不够了解，目前只是布置成了会议室样子，其中的军事沙盘当然是权宜之计，因为五院之首的行政院其职能是不会具体到军事战术这一层面的。再比如，为了反映1948年蒋介石、李宗仁当选正副总统之后，在总统府里会谈的情况，我们做了一组蜡像，因为有老照片参照，各人的表情和姿式都严格和照片上的一样。但是麻烦的是在蒋李夫妇四人之间，正中沙发上还有一位身着旗袍、侧身而坐，看不清面容的妇人。这个妇人是谁？是什么样的身份、什么样的关系让她能在这样的场合侧身其间？这个妇人是不能杜撰也不能取消的。

第三是构图逻辑和汉字左起不统一的矛盾，即版面零散。汉字排版是从左首起头的，同一个版面上，图片和文字是顺序从左到右的；两个以上的版面也是从左往右依次排列的，但是在古建中，因为房屋门窗众多，版面往往不得不逆向或跳跃式排列。在参观西安事变纪念馆时，我对张学良故居平房中的展陈，出现版面逆向排列十分理解。这是一排通道式的平房，东西走向，两个门分别开在南墙上。观众从西门进东门出，平房内北墙上是顺序排列的展览，当进行到房屋中间时，在讲解员引导下，观众反过身来看背后南墙上的第二部分。除了线路别扭外，南墙上的版面是逆向排列的。类似西安事变馆这样的版面逆排情况，在遗址馆中是经常遇到的，实践中我们要通过各种手段解决好它。

七　本展和临展的关系

本展是指遗址馆的基本陈列，如总统府的"清两江总督署史料展"、"洪秀全与天朝宫殿文物史料陈列"、"孙中山与南京临时政府史料展"和"总统府文物史料陈列"，这四个展览长期展出，重点介绍总统府历史上从晚清到民国四个时期的情况。遗址馆的本展具有独特性，因为它紧扣遗址，有着不可替代的魅力，长年吸引观众前来参观！

临展一般展出时间一至三个月，内容多与遗址有关或间接相关，开展日期多因某个特定事件或选在某个纪念日。如2012年1月1日，是辛亥革命100周年纪念，我们举办了"江苏辛亥英杰史料展"，通过江苏英杰事迹，介绍了不同于广东、湖北的革命发展阶段，同时也诠释了临时政府在南京建立的原因。4月，配合清明节公祭国民政府抗日外交九烈士，我们举办了"抗日外交九烈士图片展"，使得公祭在时效性的同时，更有资料性、学术性。此外，2008年北京奥运会时，我们举办了"民国时期的体育运动"，"三八节"时举办了"似水年华：民国服饰图片展"等等，从近代史馆职能出发，把爱国主义教育落到实处。

本展和临展的关系是明确的。本展是立馆之本，要有战略考虑，往往是"十年磨一剑"；临展是锦上添花，要求精彩纷呈，犹如"二十四季花信风"。临展为本展提供注解和诠释，本展为临展保证"沃本"和"气候"。本展不能因为展期长而固步自封，升级改陈是重要任务。临展不能因为时间较短而降低标准，特别是要注意把好政治关。

总统府有多处临展厅，用以满足图片、实物和书画的不同需要，2011年曾推出了20个临展。其中，画家谢友苏的"苏州风情人物画展"，经我们建议改名为"民国风情人物画展"后，大获成功！因为画面人物衣着、故事情节、周围环境是老苏州的风貌，不但符合民国史的要求，而且有了历史背景更具生命力。画展在总统府展出后，随我馆赴台湾展出，回来后又推荐到杭州西湖唐云艺术馆展出。这样的临展几乎成了本展！

介绍画展中一个细节：一幅名为"谈笑有鸿儒"的画作，画面里7位神态各异的"文化人"坐在南官帽椅上喝茶，桌上除了青花瓷的茶具外，还有一包红色的香烟。细看之后，发现香烟上隐约写着"中华"两字。遂请画家将香烟牌子进行了涂改。还有一幅画"书摊忆旧"是一个连环画书摊，摊主身着长衫站在中间，身边围了许多儿童在看书。我们仔细查看了画中的书架，以免出现建国后出版的图书。既为"民国"风情人物画，并要送到台湾去展出，是不能犯低级错误的！

让我心中谋划不下的是，如何把本展变成别处的临展。我曾比喻"遗址是骨、展陈是肉，骨肉相连，不能分离"。蒋介石的办公桌在子超楼里就是总统宝座，若是将其搬到别外，不过是几只木头桌椅而已！如何在保持魅力不减的情况下，把本展推介到别处去，让更多的人得以欣赏？这是遗址馆同仁共同的课题！

八　文博和旅游的关系

一种是博物馆和旅游业的共生，一种是遗址博物馆内部文博和旅游的并存，这里说的是后一种。一个遗址博物馆既有文博的深邃，又有旅游的欢快，互相融汇、互相促进，当然是最好不过的事情！可是在什么样的基础上，通过什么样的途经，才能达到这样的境界，在目前来看还有待探索和研究。有的遗址馆急于发展旅游，这是对自身不尊重，而错设了愿景；有一些旅游景点，总想贴上文化的标签，常弄得适得其反。

有人曾说：我们在这方面采取了许多措施，并收到了良好的效果。我个人认为，做一些应景工作是可以的，但并不是自觉意义上的共赢。在目前遗址馆刚刚发育、遗址的"体征"尚未完全呈现出来的时候，所谓"良好效果"还有待于验证。很多时候是在行政干预下，引进几件文物办展览，就自以为文博了；遇到节假日、纪念活动，摆上几盆鲜花造势，又变为旅游了。比如每年5月18日为国际博物馆日，这一天世界各地博物馆都会举办宣传、纪念活动，让更多的人了解博物馆，更好地发挥博物馆的社教功能；2010年主题是："博物馆致力于社会和谐"；2011年主题是"博物馆与记忆"；2012年的主题是"处于变化世界中的博物馆：新挑战，新启示"。但是有些遗址博物馆在这一天却推出各种旅游和商业促销活动，看上去很活泼，却与主题毫无关系，实际是对遗址资源的侵害！

要处理好两者关系，主观上对遗址要有充分的了解，包括历史、现状和目标。历史不可以改变，现状要仔细研究，在尊重历史和掌握现状的基础上，释放目标意向。客观上要有一定的空间范围，以满足边走边看；当然还要有一定的文化积淀，否则空间再大只是"苦旅"。有了这些前提，然后才有两者关系的实践。

2011年海南文昌市"宋氏家族文化园"项目考察团一行来南京交流，表示将在宋氏祖居的基础上，规划占地面积3000亩、核心区600亩；设博物馆、陈列馆、故居及一些文化设施。座谈会上我对该项目文博和旅游关系提出讨论。因为文博和旅游（还有园林）的资源积累、推介方向、主管部门、组织系统、人员配备、培训程序、考核标准、表现形式、实施效果，甚至感情倾向、好恶亲疏、投入程度等等都是不同的，要有科学的工作思路！

不论门前挂牌博物馆还是园林景区，其实"真身原形"是难以掩饰的。博物馆陈列的是文物，讲述的是历史；旅游欣赏的是风景，消费的是愉悦，要求不同、品位不同，感受也不同。从讲解员的类型很容易看出底细：文博演绎的是时间，格物致知，身不动心已远；旅游追求的是空间，走马观花，有多远走多远！

目前全国有一大批遗址单位在文博和旅游关系上都有着很好的实践。但是也应该看到，因为遗址的唯一性，有些范例是难以复制的，甲地成功的做法，在乙地不一定可行，因此我们不应机械照搬别人的做法，而是要学习别人成功的精髓，立足自力更生。

九 淡季和旺季的关系

遗址馆是博物馆大家庭中的一员，但在许多方面有着自身的特点，观众数量淡季旺季的变化是一个典型的例子。遗址经过岁月的沧桑，在许多方面融入了周围的环境，有着"自然"意味，人们更乐意把它看做是一个"景点"。具有"景点"成份的遗址，参观人数的多少，与季节变化有着密切的关系，比如春节、元宵节、清明节、寒食节、端午节、中秋节、重阳节等传统性节日，参观人数有着明显的"潮汐"现象。

大致每年4月至6月，9月至11月是遗址馆的参观旺季；12月至3月，7月至8月是淡季。当然现代社会发展的多元化，使得遗址馆和非遗址馆、旺季和淡季更多地交织在一起。比如，2011年清明节，我们做好了接待大批游客的准备，可是三天下来，平平淡淡，并没有出现预想中的人流。而2012年清明节到来时，本以为人们会举家扫墓、外出踏青，但始料不及的是蜂拥而入的观众几至水泄不通。事后分析原因：1. 2012年清明节4月2日至4日放假三天，2日正逢周一，是各大博物馆闭馆日，由此将观众推向了遗址馆；2. 观众中以本地散客、大专院校学生居多，三天短假适合了这一类人群的需求；3. 自驾游的兴起和交通道路的便利，使得南京成为华东地区的首选；4. 网上有人发布了"总统府旅游攻略"，把总统府及周边1912酒吧街、北京东路樱花、鸡鸣寺、六朝台城、明城墙、玄武湖等参观、旅游、休闲、购物、食宿和价格做了明细。

以上几点分析是有道理的，但都是"事后诸葛亮"。明年清明节还会来，我们如何才能提前捉住这只搅动潮汐的"手"呢？我想，只有深入实践，仔细研究，集思广议，才能立足于"潮头"。

旺季充分实践、检验展陈，淡季休整反思、调整改善。举几个具体的例子：1. 展陈中流行一种感应光源系统，当观众走近时，灯光会随之亮起，照亮展品，观众离开后，灯光自动熄灭。平时这种感应系统显得节能、现代、优雅；旺季时人流如潮没有间隙，所有的感应灯都成了长明灯，整个展厅如同夏夜的"星像图"，没有节奏，失去效果，灯源也不时烧损。2. 悬挂式集音罩本为聆听之用，旺季时人声嘈杂，它成了聋子的耳朵；3. 电子触摸屏为观众提供了互动平台，点击鼠标、循序渐进，可以搜寻相关资料和图文，旺季时无数只手重叠在触摸屏上至其"休克"。

国民政府玉玺（复制件）是观众们感兴趣的展品，我们将其陈列在独立柜中，放在展厅中间，观众可以围绕在其周围观看。而国民政府礼品象牙透雕宝塔，极为珍贵和细腻，为了防止观众太多造成独立柜震动而将其损坏，我们只得将其调整在坚实的墙柜中。居蜜女士为居正藏《金刚经》撰写了说明，我们将内容放大为整个版面，距离较远的观众同样可以阅读。

"潮汐"现象不只是因为遗址景区的原因，也有其他因素，有待于我们去解读。公益性博物馆实行免票制后，有着清醒的保护底线，比如每周一的闭馆制度、取票限制入馆人数和专题文物精品展专区票价等做法，都是从保护文物出发。不能简单地认为收取门票就是追求单位经济利益。遗址建筑属于文物范畴，国家有文件明确遗址博物馆实行门票制。每个遗址区域内所能容纳的观众数量是有着科学测定的，数量不足是对资源的浪费，数量超过则是对遗址的损害，观众享受的服务也大打折扣。实践证明门票制是"潮汐"时"削峰填谷"的有效办法，关键是定好门票的价位。

十 开放和保护的关系

应该说：保护是基础，开放是目的；保护是过程，开放是方向；保护是手段，开放是传承。这三句话是关系的三个方面，也是历经的三个过程。

保护是基础，开放是目的。近十多年来，对近代遗址建筑、特别是民国建筑的保护越来越重视，这是一个很大的进步，但是否把开放也提高到相当的日程，发挥它的作用，却是情况不同。一种是遗址建筑保护得较好，也作为文物保护单位挂了牌，但在开放上却是草草为之，仅做应付之举，并没有、或者没提倡将其与开放结合起来。平时大门一锁，有接待任务时先打扫一番；没接待任务时自己在里面巡查维护。一种是遗址"求保护、想开放",但是因为保护尚且没能达到,有的连"名分"也没有,无法奢谈开放;或者开放了,因参观的人不多,后来也就不开放了。比如江苏东台的民国抗日外交九烈士之一的卢秉枢故居、淮安的关天培祠堂、浙江的陈布雷故居,以及汤恩伯故居、白崇禧故居等等。三个原因:1. 有些遗址不隶属文物或旅游部门管理,遗址建筑另有它用。2. 挂牌较晚或被动挂牌,准备工作尚没做好,关系尚没理顺。3. 位于军事管辖区内。

保护是过程,开放是方向。保护不仅是土木维修、防火防盗、卫生清扫,更要随着社会的发展、认识的加深,赋予新的内容。保护是动态的,切不可看成是维持状态;开放是坚定不移的,要与时代发展成共鸣。有的遗址开放后觉得大功告成,悄不留神时光已过去了好多年,管理模式和方法、展陈内容和形式还是当初的老一套。有一些民国建筑目前成了"死保护、假开放"。比如南京总统府曾经的"国民政府五院史料展"、"洪秀全与天朝宫殿文物史料陈列"等,开放十多年了几乎没有改陈过,这样的开放是竭泽而渔,不利于促进保护。还有一些遗址,因为它所在的地区有着举世闻名的文博或旅游资源,比如西安、桂林等地,人们来到这里一心只想参观兵马俑和游历漓江山水等,几乎无暇顾及李宗仁官邸、张学良故居等建筑遗址。我想,事物都是有两方面的,只要发挥主观能动性,矛盾双方是可以转化的。有两点体会:1. 开放与保护是紧密相系的,遗址馆不是"老旧馆"、"看门馆",我们要有敏锐的感觉,找到开放与保护关系的最佳平衡点,展陈紧跟时代步伐,发挥遗址与现实的桥梁作用。2. 开放与保护是全方位相联的,遗址馆不是"单一馆"、"孤立馆",我们要有一双慧眼,"看清"开放与保护之间无数对应点,展陈要触及各个相关领域,发挥历史"镜子"的作用。

保护是手段,开放是传承。这是我们理想中的"活保护、真开放"。目前全国许多近代遗址馆都已进入开放与保护关系的新的循环周期，因为对遗址建筑的深刻认识和深厚的情感，从根本上保护手段更加科学化。针对遗址建筑本身是文物，人们参观时是行走在文物里，保护方式也有相应的设计。除了传统的人机联防、展柜保护、空间隔离、线路引导、适时分流等等，更加注重对展陈与建筑内在关系的研究，寻求开放与保护的更大突破。我非常赞赏广州中山纪念堂的做法。中山堂重檐琉璃、高大精美，中间容纳观众，周围一圈走廊，是民国建筑的杰出代表。起初中山纪念堂管理处的同仁和我探讨过合办展览的事，苦于中山堂内无法展开，我们探讨了很多展陈方式，最后都因不理想而放弃了。后来顿悟，现在在走廊上"轻描淡写"的贴墙式镜框，其实是对建筑的最大尊重，这应了那句话：适合的展陈是对古建最好的保护！

保护的最终目的是要传承历史，传承分为两个方面：批判和继承。一个原则：尽管历史与现实有些千丝万缕的联系，但历史毕竟不同于现实，研究历史要为现实服务！

后 记

这不能算是一本研究历史的书籍，也不是对展览内容的推介，但却试图对将题纲转变成展览作有意义的叙述。从1998年南京中国近代史遗址博物馆（总统府）筹建之初，我就深受题纲和展陈、遗址和艺术之间关系的困扰，很多时候撰写题纲的人不了解展陈规律，写出的题纲洋洋洒洒却不能实施；搞陈列的人对遗址知之甚少，美妙的创意尽显才华却毫不相干！

要是既能够撰写题纲又精通展陈就好了，这是理想状态！可是这样的情况一般不会出现，一是博物馆有研究部和陈列部，各司其职；二是研究和展陈一静一动，很难相属。因为筹建之初，部门不建全，职责不明确，也是任务逼得紧，作为"展览研究部"，我常常两面做工作。很长一段时间心中痛苦，手上忙着展陈事务，内心却着急要去做研究！可是展陈不但搞不完，反而越来越多。慢慢地把"回归"的想法也放下了。10多年后的今天，我得到了搞展陈的乐趣，回想过去，如果是只埋头做研究，可能就是一个纸上谈兵的书生。我是幸运的！

我这样说决不是标榜自已"既能怎么样又能怎么样",而是要告诉大家,有一个既不同于研究也不同于展陈的"黑洞",确确实实地存在并发挥着作用,这就是沟通。沟通的过程就是展陈实施的过程!

南京在1949年之前,曾是民国首都所在地,民国遗址众多,对民国建筑保护、开发和利用,一直是重要的研究课题。在遗址上办展览,首先要尊重建筑,然后才能用好建筑。这是另一种沟通,前面说的是人与人之间的沟通,这里便是人与建筑之间的沟通。我们不要急着在遗址上施展自已的才华和强项,而是要熟悉建筑、顺应遗址,"乘遗址不注意"把想法"悄悄地"附上去,这叫艺术。在遗址上搞展陈,多了一个"委曲求全"的过程,一但掌握了它的规律,就如"庖丁解牛"、"如鱼得水"了!

本书有意配发了一些展陈实施过程中的照片,想让大家知其然也知其所以然。开幕后的展览是奉献给观众的,而完成前的过程是要和同行们探讨的,如果本书的文字和图片能给博物馆同仁和大专院校文博专业的同学,以及对"沟通"感兴趣的朋友提供少许的借鉴,我就心满意足了!

作 者

2012年5月20日